Kärleken:
Lagens uppfyllelse

Kärleken:
Lagens uppfyllelse

Dr. Jaerock Lee

Kärleken: Lagens uppfyllelse av Dr. Jaerock Lee
Utgiven av Urim Books (Representant: Johnny H. kim)
361-66, Shindaebang-Dong, Dongjak-Gu, Seoul, Korea
www.urimbooks.com

Användes med tillstånd. Ingen del av boken eller boken i sin helhet får reproduceras i någon form, genom lagring i elektroniska medier eller överföring på något sätt eller genom något annat tillvägagångssätt, elektroniskt, mekaniskt, kopiering, samt bandinspelning eller liknande, utan tidigare inhämtat skriftligt tillstånd från utgivaren.

Där ingenting annat anges är bibelcitaten hämtade från Svenska Folkbibeln®.

Copyright @ 2015 av Dr. Jaerock Lee
ISBN: 979-11-263-1283-2 03230
Translation Copyright @ 2013 av Dr. Esther K. Chung. Användes med tillstånd.

Första upplagan på engelska utgiven augusti 2015

Tidigare utgiven på koreanska år 2009 av Urim Books i Seoul, Korea

Redigerad av Dr. Geumsun Vin
Design av Editorial Bureau på Urim Books
För mer information, kontakta: urimbook@hotmail.com

*"Kärleken gör inte något ont mot sin nästa.
Alltså är kärleken lagens uppfyllelse."*

Romarbrevet 13:10

Förord

Med förhoppning om att läsarna ska komma in i Nya Jerusalem genom andlig kärlek.

En reklambyrå i Storbritannien anordnade en frågetävling för allmänheten där de frågade vilken väg som var snabbast att resa på mellan Edinburgh i Skottland och London i England. De utlovade en stor belöning till den vars svar blev utvalt. Svaret som valdes var "resa med en kär vän." Vi förstår att om vi reser tillsammans med någon person vi håller kär, kommer till och med en lång resa kännas kort. På samma sätt är det om vi älskar Gud, då är det inte svårt för oss att sätta Hans Ord i handling (1 Johannes brev 5:3). Gud har inte gett oss lagen och har inte bett oss om att hålla Hans befallningar för att Han vill att vi ska ha ett tufft liv.

Ordet "lag" kommer från det hebreiska ordet "Torah", som betyder "stadgar", och "lektion." Det är ordet "Torah" man brukar använda när man menar Pentateuk som inkluderar de tio budorden medan "lagen" innehåller alla de 66 Bibelböckerna som en helhet eller de stadgar som Gud ger oss när Han säger åt oss att göra, inte göra, hålla eller göra oss av med något specifikt. Människor kanske tänker att lagen och kärleken inte har något med varandra att göra, men dessa två kan inte separeras. Kärlek tillhör Gud, och utan att älska Gud kan vi inte hålla lagen helt och hållet. Lagen kan bara bli uppfylld om vi praktiserar den med kärlek.

Kraften i kärleken synliggörs i denna berättelse. En ung man kraschade med sitt lilla flygplan i öknen. Hans far var en väldigt rik man, och han lejde ett sök-och räddningsteam som skulle finna hans son, men det var förgäves. När han inte hittade sin son spred han ut miljoner med flygblad i öknen och på flygbladen hade han skrivit "Min son, jag älskar dig." Sonen som irrade runt i öknen hittade ett flygblad och fick styrka nog att till slut bli räddad. Faderns sanna kärlek hade räddat hans son. Precis som fadern spred flygblad över hela öknen, har vi också uppdraget att sprida Guds kärlek till alla själar.

Gud har bevisat sin kärlek genom att sända sin enfödde Son Jesus till denna jord för att frälsa mänskligheten som var syndare. Men de laglärda på Jesu tid fokuserade bara på lagens formaliteter och de förstod inte Guds sanna kärlek. Till slut fördömde de Guds enfödde Son Jesus och sade att Han var en hädare som kommit för att upphäva lagen och de korsfäste Honom. De förstod inte Guds kärlek som fanns inbäddad i lagen.

I 1 Korinterbrevet kapitel 13 finns det ett tydligt exempel på "andlig kärlek." Där står det om Guds kärlek som gjorde att Han sände sin enfödde Son för att frälsa oss som var på väg mot döden på grund av synder, och om Herrens kärlek som har älskat oss till den grad att Han lämnade sin himmelska härlighet för att dö på korset. Om vi också vill sprida Guds kärlek till mängder av själar i världen, måste vi förstå vad denna andliga kärlek är och praktisera den.

"Ett nytt bud ger jag er, att ni skall älska varandra. Så som jag har älskat er skall också ni älska varandra. Om ni har kärlek till varandra, skall alla förstå att ni är mina lärjungar" (Johannes 13:34-35).

Nu har denna bok blivit utgiven så att läsarna kan se hur mycket av andlig kärlek de har kultiverat och hur mycket de har förändrat sig själva med hjälp av sanningen. Jag tackar Geumsun Vin, direktör på redigeringsavdelningen och dess personal, och jag hoppas att alla läsare kommer att uppfylla lagen genom kärlek och till slut få komma in i Nya Jerusalem, den allra vackraste av de himmelska boplatserna.

Jaerock Lee

 Introduktion

Med förhoppning om att läsarna genom
Guds sanning kommer förändras genom
att kultivera fullkomlig kärlek.

En tv-kanal delade ut en forskningsenkät till gifta kvinnor. Frågan som ställdes var att om de fick möjlighet att gifta om sig, skulle de då gifta sig med samma man igen. Resultatet var chockerande. Bara 4 % av kvinnorna skulle välja den de var gift med nu om de skulle gifta om sig. De måste ha gift sig med sina män för att de älskade dem, men varför hade de ändrat sig nu? Det var för att de inte älskade med andlig kärlek. Detta verk Kärleken: Lagens uppfyllelse kommer att undervisa oss om denna andliga kärlek.

I del 1 "Kärlekens betydelse", talas det om olika former av kärlek som finns mellan man och hustru, föräldrar och barn, och mellan vänner och grannar, och ger oss förståelse om skillnaden mellan köttslig och andlig kärlek. Andlig kärlek är att älska den andra personen med ett oföränderligt hjärta som inte önskar någonting tillbaka. Motsatsen är den köttsliga kärleken som förändras beroende på situationer och omständigheter. Av denna orsak är andlig kärlek så oerhört dyrbar och vacker.

Del 2 "Kärlek som i Kärlekskapitlet", delar upp 1

Korinterbrevet 13 i tre delar. Den första delen, "Den slags kärlek som Gud vill se" (1 Korinterbrevet 13:1-3) är introduktionen till kapitlet som lägger en betoning på hur viktigt det är med andlig kärlek. Den andra delen, "Kärlekens kännetecken" (1 Korinterbrevet 13:4-7), är huvuddelen av Kärlekskapitlet, och det berättar för oss om den andliga kärlekens 15 kännetecken. Den tredje delen, "Fullkomlig kärlek", är sammanfattningen av Kärlekskapitlet, som låter oss få veta att tro och hopp behövs tillfälligt medan vi marscherar mot himmelriket under våra jordeliv, medan kärlek varar för evigt, till och med i himmelriket.

Del 3, "Kärleken är lagens uppfyllelse", förklarar vad det är att uppfylla lagen med kärlek. Det visar också Guds kärlek som kultiverar oss människor på denna jord och Kristi kärlek som öppnade vägen till frälsning för oss.

"Kärlekskapitlet" är bara ett av 1 189 kapitel i Bibeln. Men det är som en skattkarta som visar oss var vi hittar stora skatter, för det undervisar oss om vägen till Nya Jerusalem i detalj. Även om vi har kartan och känner vägen, är den inte till någon nytta om vi inte går på den väg som har getts till oss. Det är med andra ord värdelöst om vi inte praktiserar andlig kärlek.

Gud har behag till andlig kärlek, och vi kan få denna andliga kärlek efter hur mycket vi hör och praktiserar Guds Ord som är Sanningen. När vi väl har fått tag på den andliga kärleken kommer vi kunna ta emot Guds kärlek och välsignelser och komma in i Nya Jerusalem, den vackraste boplatsen i himlen till slut. Kärlek är Guds ultimata syfte med att skapa människan och kultivera henne. Jag ber att alla läsare ska älska Gud först och älska sin nästa som sig själv så att de kan få nycklarna som öppnar upp Nya Jerusalems pärleportar.

Geumsun Vin
Direktör över redigeringsavdelningen

Innehåll ~ *Kärleken: Lagens uppfyllelse*

Förord · VII

Introduktion · XI

Del 1 Kärlekens betydelse

   Kapitel 1 Andlig kärlek · 2

   Kapitel 2 Köttslig kärlek · 10

Del 2 Kärlek som i Kärlekskapitlet

   Kapitel 1 Den slags kärlek som Gud vill se · 24

   Kapitel 2 Kärlekens kännetecken · 42

   Kapitel 3 Fullkomlig kärlek · 160

Del 3 Kärleken är lagens uppfyllelse

   Kapitel 1 Guds kärlek · 172

   Kapitel 2 Kristi kärlek · 184

"Om ni älskar dem som älskar er, skall ni ha tack för det?

Också syndare älskar dem som visar dem kärlek."

Lukas 6:32

Kärleken: Lagens uppfyllelse

Del 1
Kärlekens betydelse

Kapitel 1 : Andlig kärlek

Kapitel 2 : Köttslig kärlek

Andlig kärlek

"Mina älskade, låt oss älska varandra, ty kärleken är av Gud, och var och en som älskar är född av Gud och känner Gud. Den som inte älskar har inte lärt känna Gud, ty Gud är kärlek."
(1 Johannes brev 4:7-8)

Bara att höra ordet "kärlek" får våra hjärtan att slå och våra sinnen att fladdra. Om vi kan älska någon och dela sann kärlek med denna under hela vårt liv, skulle det vara ett liv fyllt med den högsta lyckan. Ibland hör vi om människor som övervinner till och med livsfarliga situationer och skapar underbara liv genom kärlekens kraft. Kärlek är ett måste för att kunna leva ett lyckligt liv; den innehar den stora kraften som kan förändra våra liv.

Den engelska ordboken The Merriam-Webster's Online Dictionary definierar kärlek som "starka känslor för en annan som härstammar från släktskap eller personliga band" eller "känslor baserade på beundran, välvilja eller gemensamma intressen" [fritt översatt till svenska]. Men den slags kärlek som Gud talar om är kärlek på en högre nivå, den andliga kärleken. Andlig kärlek söker den andras bästa; ger glädje, hopp, och liv till andra, och förändras inte. Denna kärlek är inte bara bra för oss under detta tillfälliga jordiska liv, utan den leder våra själar till frälsning och ger oss evigt liv.

En berättelse om en kvinna som ledde sin man till kyrkan

Det fanns en kvinna som var trogen i sitt kristna liv. Men hennes man tyckte inte om att hon gick till kyrkan och gjorde därför livet svårt för henne. Trots svårigheterna gick hon på bönemötet i gryningen varje dag och bad för sin man. En dag när hon gick till morgonbönen tog hon med sig sin mans skor. Hon höll skorna mot sitt bröst när hon bad under tårar, "Gud, idag är det bara dessa skor som kommer till kyrkan, men nästa gång, låt skornas ägare också komma till kyrkan."

Efter ett tag hände något märkligt. Mannen kom med henne till kyrkan. Så här fortsätter berättelsen: Från en särskild tidpunkt kände mannen värme i sina skor varje gång han lämnade hemmet för att gå till arbetet. En dag såg han sin fru gå iväg med hans skor och han följde efter henne. Hon gick in i en kyrka.

Han blev upprörd, men kunde inte dölja sin nyfikenhet. Han var tvungen att ta reda på vad hon gjorde i kyrkan med hans skor. När han tyst gick in i kyrkan såg han sin fru be för hans skor som hon höll hårt mot sitt bröst. Han hörde bönen, och varje ord i bönen handlade om att det skulle gå bra för honom och att han skulle bli välsignad. Han blev berörd i sitt hjärta, och kunde inte annat än att känna sig ledsen över hur han hade behandlat henne. Till slut blev mannen så berörd av sin frus kärlek och blev en överlåten kristen.

De flesta fruar i liknande situationer skulle vanligtvis komma till mig och be mig be för dem genom att säga, "Min man gör det svårt för mig bara för att jag kommer till kyrkan. Var snäll och be för mig att min man ska sluta förfölja mig." Men då brukar jag svara, "Helga dig snabbt, och kom in i anden. Det är på det sättet som du löser ditt problem." De kommer att kunna ge mer andlig kärlek till sina män när de gör sig av med synder och kommer in i anden. Vilken man vill göra livet tufft för sin fru som är uppoffrande och tjänar honom utifrån sitt hjärta?

Förut skulle frun ha skyllt på sin man, men nu när hon har förändrats genom sanningen, inser hon att hon bär skulden och ödmjukad sig själv. Då driver det andliga ljuset undan mörker och mannen kan också förändras. Vem kan be för en person som gör livet svårt för en? Vem kan offra sig själv för förbisedda grannar och sprida sann kärlek till dem? Guds barn som har lärt sig den sanna kärleken från Herren kan ge sådan kärlek till andra.

David och Jonatans oföränderliga kärlek och vänskap

Jonatan var son till Saul som var den första kungen i Israel. När han såg David besegra filistéernas stridsman Goliat, med en slunga och en sten, visste han att David var en stridsman som Guds ande hade kommit över. Som den armégeneral han var blev Jonatans hjärta fascinerat över Davids mod. Från den dagen älskade Jonatan David som sig själv och de började bygga en väldigt stark vänskap. Jonatan älskade David så mycket att han inte undanhöll honom någonting.

Sedan David hade talat med Saul, fäste sig Jonatan så vid David att Jonatan hade honom lika kär som sitt eget liv. Saul tog David till sig på den dagen och lät honom inte mer vända tillbaka till sin fars hus. Jonatan slöt ett förbund med David, eftersom han hade honom lika kär som sitt eget liv. Jonatan tog av sig manteln som han hade på sig och gav den åt David, och även sina övriga kläder, till och med sitt svärd, sin båge och sitt bälte (1

Samuelsboken 18:1-4).

Jonatan var tronarvinge eftersom han var kung Sauls förstfödde son, och det hade varit lätt för honom att hata David eftersom han var så älskad av folket. Men han hade ingen längtan efter att få titeln kung. Det var i stället så att när Saul försökte döda David för att bevara sin tron åt Jonatan, riskerade Jonatan sitt eget liv för att rädda David. Denna kärlek var oföränderlig intill döden. När Jonatan dog i striden i Gilboa, sörjde David och grät och fastade till morgonen.

Jag sörjer dig, Jonatan, min broder. Du var mig mycket ljuvlig. Din kärlek var mig underbar, mer än kvinnors kärlek (2 Samuelsboken 1:26).

Efter att David blivit kung, fann han Mefiboset som var Jonatans ende son, och gav Sauls alla ägodelar tillbaka till honom, och tog hand om honom som sin egen son i palatset (2 Samuelsboken 9). Detta är andlig kärlek, att älska den andra med ett oföränderligt hjärta i hela sitt liv, även om det inte leder till någon egen fördel utan istället kan orsaka skada för en själv. Att vara snäll med hopp om att få något tillbaka är inte sann kärlek. Andlig kärlek är att offra sig själv och fortsätta att ge ovillkorligen till andra, med rent och äkta motiv.

Guds och Herrens oföränderliga kärlek till oss

De flesta människor upplever hjärtesorg på grund av köttslig kärlek som finns i deras liv. När vi upplever denna smärta och känner oss ensamma på grund av kärleken som lätt förändras, finns det någon som tröstar oss och blir vår vän. Han är Herren. Han var föraktad och övergiven av människor trots att Han var oskyldig (Jesaja 53:3), så Han förstår våra hjärtan väldigt väl. Han övergav sin himmelska härlighet och kom ner till denna jord för att gå lidandets väg. När Han gjorde det blev Han vår sanna tröstare och vän. Han gav oss sann kärlek ända tills Han dog på korset.

Innan jag började tro på Gud, led jag av många sjukdomar och fick uppleva mycket smärta och ensamhet på grund av fattigdom. Efter sju långa år i sjukdom var en sjuk kropp, växande skuld, människors förakt, ensamhet och förtvivlan det enda jag hade kvar. Alla som jag hade litat på och älskat hade lämnat mig. Men någon kom till mig när jag kände att jag var ensam i hela universum. Det var Gud. När jag mötte Gud blev jag botad från alla mina sjukdomar på en gång och fick ett helt nytt liv.

Den kärlek som Gud gav mig var en gratis gåva. Jag älskade inte Honom först. Han var den som kom till mig och sträckte ut sin hand till mig. När jag började läsa Bibeln, kunde jag höra Guds kärleksfulla ord till mig.

Kan då en mor glömma sitt barn, så att hon inte förbarmar sig över sin livsfrukt? Och även om hon kunde glömma sitt barn, skall jag inte glömma dig. Se, på mina händer har jag upptecknat dig. Dina murar står alltid inför mig (Jesaja 49:15-16).

Så uppenbarades Guds kärlek till oss: han sände sin enfödde Son till världen för att vi skulle leva genom honom. Kärleken består inte i att vi har älskat Gud utan i att han har älskat oss och sänt sin Son till försoning för våra synder (1 Johannes brev 4:9-10).

Gud lämnade mig inte ens när jag kämpade i mitt lidande efter att alla hade lämnat mig. När jag kände Hans kärlek, kunde jag inte hejda tårarna som vällde upp i mina ögon. Jag kunde känna att Guds kärlek är sann på grund av den smärta jag lidit. Nu har jag blivit en pastor, en Guds tjänare, för att trösta många själars hjärtan och för att betala tillbaka den nåd som Gud gav mig.

Gud är kärleken själv. Han sände sin enfödde Son Jesus till denna jord för oss som är syndare. Och Han väntar på oss att vi ska komma till himmelriket som Han har gjort så vackert och skapat så många dyrbara ting i. Om vi öppnar våra hjärtan på glänt kan vi känna Guds mjuka och överflödande kärlek.

Ända från världens skapelse ses och uppfattas hans eviga makt och gudomliga natur genom de verk som han har skapat. Därför är de utan ursäkt (Romarbrevet 1:20).

Varför kan du inte bara tänka på den underbara naturen? Den

blå himlen, det klara vattnet och alla träd och växter som Gud har gjort för oss så att vi, medan vi lever på denna jord, kan få hopp om himmelriket tills vi når fram dit.

Från vågorna som rör vid sandstranden; stjärnorna som blinkar som om de dansade; det höga ljudet som åska från stora vattenfall; och från brisen som smeker förbi oss, kan vi känna Guds andedräkt som säger till oss "Jag älskar dig." Sedan vi har blivit utvalda som barn till denna älskande Guden, vad är det för slags kärlek vi ska ha? Vi måste ha evig och sann kärlek och inte meningslös kärlek som förändras när situationen inte längre ger oss det vi vill ha.

Köttslig kärlek

"Om ni älskar dem som älskar er, skall ni ha tack för det?
Också syndare älskar dem som visar dem kärlek."
Lukas 6:32

En man stod inför en stor folkskara med ryggen mot Galileiska sjön. De blå vågorna krusade sig på vattnet och vågorna såg ut att dansa med den mjuka brisen bakom Honom. Alla hade tystnat för att lyssna på Hans ord. Med en mjuk men bestämd röst talade Han till folkskaran som satt där och längre upp på berget, om att vara ljus och salt i världen och till och med om att älska sina fiender.

Ty om ni älskar dem som älskar er, vilken lön får ni för det? Gör inte publikaner det också? Och om ni hälsar endast på era bröder, vad gör ni för märkvärdigt med det? Gör inte hedningarna det också? (Matteus 5:46-47)

Som Jesus sa, kan även otroende och till och med onda människor visa kärlek mot dem som är trevliga mot dem och mot dem som kan vara till nytta för dem. Det finns också en falsk kärlek som verkar god på utsidan men som inte är sann på insidan. Det är köttslig kärlek som förändras efter en tid och som inte behöver stora saker för att brytas ner och falla isär.

Köttslig kärlek kan förändras när som helst under tidens lopp. Om situationen förändras eller tillståndet förändras, kan den köttsliga kärleken förändras. Människor tenderar att frekvent byta sina attityder efter hur det passar dem eller på grund av något som de tar emot. Människor ger bara efter att först ha tagit emot från någon annan, eller så ger de bara om det verkar vara till nytta för dem själva i det långa loppet. Om vi ger och vill ta emot samma summa, eller om vi känner oss besvikna när andra inte ger oss något tillbaka, beror det på att vi har köttslig kärlek.

Kärlek mellan föräldrar och barn

Den kärlek som föräldrar har som fortsätter att ge till sina barn rör vid mångas hjärtan. Föräldrar säger inte att det är svårt att ta hand om sina barn så mycket som de gör eftersom de älskar sina barn. Det är vanligtvis föräldrarnas önskan att kunna ge goda ting till sina barn även om det betyder att de själva inte kommer ha tillräckligt att äta eller inte kunna ha fina kläder på sig. Men det finns ändå en plats i denna förälders hjärta som älskar sina barn att man söker sina egna fördelar också.

Om de verkligen älskar sina barn, borde de kunna ge även sina liv utan att vilja ha något tillbaka. Men det finns faktiskt många föräldrar som uppfostrar sina barn för att deras egen vinning och ära. De säger, "Det här säger jag bara för ditt eget bästa", men i själva verket försöker de kontrollera sina barn så att de uppfyller deras egen önskan om berömmelse, eller för att få ekonomisk vinning. När barnen väljer karriärväg eller gifter sig och det inte är den väg som föräldrarna hade accepterat, sätter föräldrarna sig emot det och blir mycket besvikna. Det bevisar att deras överlåtelse och offer för barnen ändå trots allt hade varit villkorlig. De försöker att få tillbaka vad de kan från barnen för den kärlek de har gett.

Barnens kärlek är vanligtvis mycket mindre än föräldrarnas. Ett koreanskt ordspråk lyder, "Om föräldrarna är sjuka under en lång tid, kommer barnen förr eller senare att lämna sina föräldrar." Om föräldrarna är sjuka och gamla och om det inte finns någon möjlighet till förbättring, och om barnen måste ta hand om dem, kommer de tycka att det blir svårare och svårare att hantera situationen. När de var små barn kanske de till och med sa, "Jag kommer inte att gifta mig, jag kommer att bo med er, mamma och pappa." De kanske faktiskt tror att de kommer att bo med sina föräldrar resten av sina liv. Men när de växer upp, blir de mindre och mindre intresserade av sina föräldrar eftersom de blir mer och mer upptagna med att tjäna sitt uppehälle. Människors hjärtan är så bedövade av synden i dessa dagar och ondskan överflödar till den grad att det till och med händer att föräldrar dödar sina barn eller barnen dödar sina föräldrar.

Kärlek mellan man och fru

Hur är det med kärleken mellan ett gift par? När man sällskapar säger man alla möjliga sköna ord till varandra som, "Jag kan inte leva utan dig. Jag kommer älska dig för evigt." Men vad händer efter att man har gift sig? Man föraktar sin maka eller make och säger, "Jag kan inte leva mitt liv som jag vill på grund av dig. Du har lurat mig."

Tidigare hade man uttryckt sin kärlek till varandra, men efter att man har gift sig börjar man ofta nämna separation eller skilsmässa bara för att man inte tycker att ens bakgrunder, utbildning eller personligheter passar ihop. Om maten inte är så god som mannen vill att den ska vara kan han klaga över sin fru och säga, "Vad är det här för slags mat? Det finns inget att äta!" Och om mannen inte tjänar tillräckligt med pengar, klagar frun över sin man och säger, "Min väninnas man har redan blivit befordrad till direktör och en annan har blivit chef... När ska du bli befordrad? Och en annan väninna har köpt ett större hus och en splitterny bil, varför kan inte vi göra det? När ska vi få det bättre?"

I Korea är det så vanligt med misshandel i hemmet att nästan hälften av alla gifta par använder våld mot sin make eller maka. Så många gifta par har förlorat sin första kärlek, och istället börjar man hata och grälar med varandra. Nu för tiden finns det till och med par som ger upp redan under smekmånaden! De trodde att de älskade sin partner så mycket, men när de börjar leva tillsammans ser de allt det negativa hos den andra. Eftersom deras sätt att tänka och deras smak skiljer sig åt så mycket, hamnar de på kollisionskurs. Detta göra att deras känslor svalnar, de känslor som de tidigare trodde var kärlek för varandra.

Och om det skulle vara så att de inte har några tydliga problem med varandra, blir man van vid varandra och känslorna från den första kärleken svalnar allt eftersom tiden går. Då börjar man titta på andra män eller kvinnor. Mannen blir besviken på sin fru som inte ser särskilt attraktiv ut på morgonen. När hon blir äldre och går upp i vikt tycker han inte längre att hon är så charmig längre. Kärleken måste bli djupare med tiden, men i de flesta fall blir den inte det. Alla dessa förändringar i dem stödjer det faktum att denna kärlek var en köttslig kärlek som sökte sin egen vinning.

Kärlek mellan bröder

Syskon som är födda av samma föräldrar och uppfostrade tillsammans borde stå varandra närmare än andra människor. De kan lita på varandra i mångt och mycket för de har delat så mycket och växt i kärlek till varandra. Men vissa syskon har en känsla av tävlingsinstinkt mellan sig och de blir avundsjuka på andra bröder och systrar.

Den förstfödda kanske upplever att en del av den kärlek som han borde ha fått av sina föräldrar i stället ges till hans yngre syskon. Det andra barnet kan känna sig instabil för att han känner sig mindre värd än sin äldre bror eller syster. De syskon som har både äldre och yngre syskon kan känna mindervärdighetskomplex mot de äldre och en börda att de måste ge efter för sina yngre syskon. De kanske också har en känsla av att vara ett offer eftersom de inte alltid får den uppmärksamhet de vill ha från sina föräldrar. Om barnet inte tar itu med sådana känslor på ett bra sätt kommer han eller hon förmodligen ha mindre lyckade relationer till sina bröder och systrar senare i livet.

Det första mordet i mänsklighetens historia skedde mellan två bröder. Det orsakades av Kains avundsjuka mot sin yngre bror Abel när det gällde Guds välsignelser. Sedan den tiden har det genom mänsklighetens historia funnits strider och kamper mellan bröder och systrar. Josef hatades av sina bröder och de sålde honom som slav till Egypten. Davids son Absalom fick en av sina män att döda sin bror Amnon. Idag är det så många bröder och systrar som strider med varandra när det gäller ekonomiskt arv från deras föräldrar. De blir fiender till varandra.

Även om det inte är lika allvarligt som i ovan nämnda fall, kommer syskon, när de gifter sig och startar familj, inte längre kunna ge så mycket uppmärksamhet till sina syskon. Jag föddes som den sista sonen bland sex bröder och systrar. Jag var mycket älskad av mina äldre bröder och systrar, men när jag varit sängliggande i sju år på grund av flera olika svåra sjukdomar, förändrades det. Jag blev en allt tyngre börda för dem. De försökte till ett visst att bota mina sjukdomar men när allt hopp verkade vara ute började de vända mig ryggen.

Kärlek mellan grannar

Det koreanska folket har ett uttryck som betyder "grannkusiner." Det betyder att våra grannar står oss lika nära som våra familjemedlemmar. När de flesta människor förr i tiden var bönder, var grannarna till mycket dyrbar hjälp för varandra. Men detta uttryck har blivit mer och mer osant. Nu för tiden är människors dörrar stängda och låsta, även mot ens grannar. Vi använder till och med ordentliga larmsystem. Man har ingen aning om vem ens granne är.

Man bryr sig inte längre om varandra och har inga planer på att ta reda på vem ens grannar är. Man tänker bara på sig själva, och bara den närmaste familj är viktig. Man litar inte på andra. Och om man upplever att grannarna stör, att de skadar eller gör sönder något, tvekar man inte att frysa ut dem eller strida mot dem. Nu för tiden finns det många människor som är grannar men som går till domstol mot varandra för obetydliga saker. En person gick till och med upp till sin granne som bodde i lägenheten ovanför honom och knivhögg honom till döds på grund av oljud därifrån.

Kärlek mellan vänner

Hur är det då med kärleken mellan vänner? Du kanske tycker att en speciell vän alltid ska stå vid din sida. Men även en person som du anser vara en vän kan bedra dig och lämna dig med ett brustet hjärta.

I vissa fall kan en person be sin vän om att låna honom en betydande penningsumma eller om att bli hans borgenär om han är på väg att gå i konkurs. Om vännen vägrar, anser han att han har blivit bedragen av sin vän och vill aldrig mer se honom. Men vem är det som har gjort fel här egentligen? Om du verkligen älskar din vän, vill du inte vara orsak till smärta för den vännen. Om du är på väg att gå i konkurs, och om dina vänner blir borgenärer för dig, kommer det säkerligen bli så att dina vänner och deras familjemedlemmar som kommer att lida tillsammans med dig. Är det kärlek, att utsätta sina vänner för en sådan risk? Det är inte kärlek. Men nu för tiden händer det ganska ofta. Guds Ord har också förbjudit oss att låna ut, låna och att bli borgenär för någon. När vi är olydiga mot sådana ord från Gud drar det för det mesta till sig Satans gärningar och alla inblandade får lida skada.

Min son, om du har gått i borgen för din nästa och givit ditt handslag åt en främling, om du har blivit snärjd genom dina ord och fångad genom din muns tal (Ordspråksboken 6:1-2).

Var inte bland dem som ger handslag och går i borgen för lån (Ordspråksboken 22:26).

En del människor tycker att det är vist att skaffa vänner efter vad de kan få från dem. Nu för tiden är det väldigt svårt att finna en person som frivilligt ger upp sin egen tid och pengar av äkta kärlek för sina grannar eller vänner.

Jag hade många vänner i min barndom. Innan jag började tro på Gud trodde jag att vännernas trofasthet skulle hålla livet ut. Jag trodde att vår vänskap skulle bestå för evigt. Men när jag under en lång tid var sjuk, insåg jag att denna kärlek mellan vänner också förändras för många är bara vänner för att de kan vinna något på vänskapen.

Till en början försökte mina vänner leta reda på bra läkare eller olika huskurer och tog med mig till dem som man trodde kunde hjälpa, men när jag inte alls blev bättre, lämnade de mig en efter en. De enda vännerna jag hade kvar var mina öl-och spelvänner. Och dessa vänner kom inte till mig för att de älskade mig, utan endast för att de behövde någonstans att hänga under en tid. Även de som har köttslig kärlek säger att de älskar varandra, men den förändras snart.

Hur bra skulle det vara om föräldrar och barn, bröder och systrar, vänner och grannar inte sökte sitt eget bästa och inte ändrade sin inställning mot varandra? Då skulle det betyda att de har andlig kärlek. Men i de flesta fall har man inte andlig kärlek, och man kan inte finna sann tillfredsställelse i den sortens kärlek. Man söker kärlek från sina familjemedlemmar och människor runt omkring. Men när man fortsätter på det sättet blir man bara törstigare och törstigare efter kärlek, och inte ens hela havets vatten kan släcka den törsten.

Blaise Pascal sa att det finns ett vakuum efter Gud i varje människas hjärta som inte kan fyllas av något skapat, bara av Gud, Skaparen, som vi känner genom Jesus. Vi kan inte uppleva sann tillfredsställelse och vi upplever meningslöshet om inte det utrymmet blir fyllt av Guds kärlek. Betyder det då att det i denna värld inte finns någon andlig kärlek som aldrig förändras? Nej, det gör det inte. Den är inte vanlig, men andlig kärlek existerar absolut. 1 Korinterbrevet kapitel 13 förklarar tydligt för oss om sann kärlek.

Kärleken är tålig och mild, kärleken avundas inte, den skryter inte, den är inte uppblåst, den uppför sig inte illa, den söker inte sitt, den brusar inte upp, den tillräknar inte det onda. Den gläder sig inte över orättfärdigheten men har sin glädje i sanningen. Den fördrar allting, den tror allting, den hoppas allting, den uthärdar allting (1 Korinterbrevet 13:4-7).

Gud kallar denna kärlek för andlig och sann kärlek. Om vi känner Guds kärlek och blir förvandlade av sanningen, kan vi ha andlig kärlek. Låt oss ha andlig kärlek med vilken vi kan älska varandra av hela vårt hjärta och med en oföränderlig attityd, även om det inte ger oss någon fördel eller till och med kan skada oss.

Sätt att kontrollera om man har andlig kärlek

Det finns människor som tror att de älskar Gud fast de inte gör det. För att kunna kontrollera hur mycket vi har kultiverat den sanna andliga kärleken och Guds kärlek, kan vi se på våra känslor och handlingar som vi har haft när vi har gått igenom renande prövningar, svårigheter och tester. Vi kan se tillbaka på oss själva och se hur mycket vi har kultiverat sann kärlek, genom att se om vi verkligen har fröjdat oss och tackat Gud från djupet av våra hjärtan eller inte och om vi fortsättningsvis har följt Guds vilja eller inte.

Om vi klagar och ringaktar situationen och om vi söker världsliga metoder och förlitar oss på människor, betyder det att vi inte har andlig kärlek. Det visar att vår kunskap om Gud bara är huvudkunskap och inte kunskap som vi har tillägnat oss i våra hjärtan och kultiverat. Liksom som en förfalskad sedel bara är en bit papper men liknar riktiga pengar, är den kärlek som kommer från huvudkunskapen inte sann kärlek. Den har inget värde. Om vår kärlek till Herren inte förändras och om vi litar på Gud i alla situationer och i alla slags svårigheter, då kan vi säga att vi har kultiverat den sanna kärleken som är andlig kärlek.

Kärleken: Lagens uppfyllelse

"Nu består tron, hoppet och kärleken, dessa tre, men störst av dem är kärleken."

1 Korinterbrevet 13:13

Del 2
Kärlek som i Kärlekskapitlet

Kapitel 1 : Den slags kärlek som Gud vill se

Kapitel 2 : Kärlekens kännetecken

Kapitel 3 : Fullkomlig kärlek

Den slags kärlek som Gud vill se

"Om jag talade både människors och änglars språk men inte hade kärlek, vore jag endast en ljudande malm eller en skrällande cymbal. Och om jag ägde profetisk gåva och kände alla hemligheter och hade all kunskap och om jag hade all tro så att jag kunde flytta berg men inte hade kärlek, så vore jag ingenting. Och om jag delade ut allt vad jag ägde och om jag offrade min kropp till att brännas, men inte hade kärlek, så skulle jag ingenting vinna."

1 Korinterbrevet 13:1-3

Följande är en berättelse om något som skedde i ett barnhem i Sydafrika. Barnen blev sjukare och sjukare, en efter en, och antalet barn som insjuknade ökade också. Men man kunde inte hitta någon orsak. Barnhemmet inbjöd berömda läkare för att ställa diagnos. Efter en noggrann undersökning sa läkarna, "När de är vakna, krama om barnen och ge dem kärlek i tio minuter."
Till deras förvåning började sjukdomen att helt plötsligt att försvinna. Det var för att det barnen behövde mest av allt var varm kärlek. Även om vi inte behöver oroa oss över att kunna betala räkningarna och vi lever i överflöd kan vi inte ha hopp om livet eller ens en vilja att leva om vi inte har kärlek. Man kan säga att kärlek är den absolut viktigaste faktorn i våra liv.

Vikten av andlig kärlek

Det trettonde kapitlet i 1 Korinterbrevet som kallas Kärlekskapitlet lägger först och främst en betoning på vikten av kärlek innan det i detalj börjar förklara var andlig kärlek. Det är för att om vi talar både människors och änglars språk, men inte har kärlek, blir vi bara en ljudande malm eller en skrällande cymbal.

"Människors språk" handlar inte om att tala i tungor som en av gåvorna från den Helige Ande. Det handlar om alla människors språk som bor på jorden som engelska, japanska, franska, ryska, osv. Civilisationen och kunskapen är systematiserad och förs vidare genom språk, och därför kan man hävda att språkets makt är enorm. Med språk kan vi också uttrycka och visa våra känslor och tankar så att vi kan övertala eller beröra mångas hjärtan. Människans språk har makt att beröra människor och makt att uppnå mycket.

"Änglars språk" handlar om vackra ord. Änglar är andliga varelser och de representerar "skönheten." Ibland när människor talar vackra ord med en skönklingande röst brukar man kalla rösten för änglalika. Men Gud säger att till och med vältaliga ord från människan och vackra änglalika ord bara är som ljudande malm eller skrällande cymbal om det inte har kärlek (1 Korinterbrevet 13:1).

En tung, fast bit malm eller koppar sprider inget högt ljud när man slår på den. Om koppar sprider ett högt ljud betyder det att den är ihålig på insidan eller att den är tunn och lätt. Cymbaler ger högt ljud eftersom de är gjorda av en tunn bit mässing. Det är på samma sätt med människor. Vi har ett värde jämfört med vete med fullkorn när vi har blivit sanna söner och döttrar till Gud genom att fylla våra hjärtan med kärlek. Motsatsen är de som inte har kärlek – de är som tomma agnar. Varför är det så?

1 Johannes brev 4:7-8 säger, "Mina älskade, låt oss älska varandra, ty kärleken är av Gud, och var och en som älskar är födda av Gud och känner Gud. Den som inte älskar har inte lärt känna Gud, ty Gud är kärlek." De som inte älskar har alltså ingenting med Gud att göra, och de är som agnar utan korn i sig.

Ord från sådana människor har inget värde i sig även om de är vältaliga och vackra, för de kan inte ge sann kärlek eller liv till andra. Men de kan orsaka obehag för andra människor som en ljudande malm eller skrällande cymbal, eftersom de är lätta och tomma på insidan. Å andra sidan har ord som innehåller kärlek en makalös kraft att ge liv. Vi kan se bevis på det i Jesu liv.

Verklig och konkret kärlek ger liv

En dag undervisade Jesus i templet när de skriftlärda och fariséerna förde fram en kvinna inför honom. Hon hade tagits på bar gärningar i äktenskapsbrott. Det fanns inte ens en gnutta medlidande i de skriftlärdas och fariséernas ögon när de förde fram henne.

De sade till Jesus, "Mästare, den här kvinnan greps på bar gärning, när hon begick äktenskapsbrott. I lagen har Mose befallt oss att sena sådana. Vad säger då du?" (Johannes 8:4-5)

Lagen i Israel är Guds Ord och lag. Det är fastställt att äktenskapsbrytare måste stenas till döds. Om Jesus sa att de skulle stena henne i enlighet med lagen, betydde det att Han sa emot sitt eget ord, för Han lärde ut att människor skulle älska till och med sina fiender. Om Han sa att Han förlät henne, skulle det vara att överträda lagen. Det var att stå emot Guds Ord.

De skriftlärda och fariséerna var stolta över sig själva när de nu insåg att de hade en chans att få Jesus på fall. Jesus visste mycket väl vad som fanns i deras hjärtan, och böjde sig ner och skrev något på marken med sitt finger. Sedan ställde Han sig upp och sade, "Den som är utan synd må kasta första stenen på henne"

(Johannes 8:7).

När Jesus sedan böjde sig ner än en gång och skrev på marken med sitt finger började människor lämna platsen, en efter en, och till slut var det bara kvinnan och Jesus själv kvar. Jesus räddade denna kvinnas liv utan att överträda lagen. På utsidan var det inte fel det som de skriftlärda och fariséerna sa eftersom de helt enkelt sa vad som stod i Guds lag. Men motivet för deras ord var helt annorlunda än Jesu motiv. De försökte skada andra medan Jesus försökte rädda själar.

Om vi har ett sådant hjärta som Jesus kommer vi att be och tänka på vilka ord som kan styrka andra och leda dem till sanningen. Vi kommer att försöka ge liv med varje ord vi uttalar. Vissa människor försöker övertala andra med Guds Ord eller så försöker de korrigera andra människors beteende genom att peka ut deras tillkortakommanden och misstag som de inte tycker är bra. Även om sådana ord är korrekta, kan de inte orsaka förändring i andra människor eller ge liv åt dem så länge orden inte är talade utifrån kärlek.

Vi borde därför alltid se tillbaka på oss själva och se om vi talar utifrån vår egen självrättfärdighet och egna tankeramar eller om våra ord kommer utifrån en kärlek som vill ge liv till andra. Till skillnad från vältaliga, lena ord, blir ett ord som innehåller andlig kärlek ett livets vatten som släcker själens törst, och till dyrbara juveler som ger glädje och tröst till själar i nöd.

Kärlek med uppoffrande handlingar

Generellt sett handlar "profetia" om att tala om framtida händelser. I biblisk bemärkelse är det att ta emot Guds hjärta genom den Helige Andes inspiration för ett specifikt syfte och att tala om framtida händelser. Att profetera är ingenting man kan göra av egen mänsklig vilja. 2 Petrus brev 1:21 säger, "Ty ingen profetia har burits fram genom någon människas vilja, utan ledda av den helige Ande har människor talat vad de fått från Gud." Profetians gåva ges inte till vem som helst, hur som helst. Gud ger inte denna gåva till någon som inte har blivit helgad eftersom en sådan person kan bli uppblåst.

"Profetians gåva", som det står om i kapitlet om andlig kärlek är inte en gåva som ges till ett fåtal speciella människor. Det betyder istället att den som tror på Jesus Kristus och som lever i sanningen kan förutse och tala om framtiden. När Herren kommer åter på skyarna, kommer de frälsta att ryckas upp i skyn och delta i den sjuåriga bröllopsfesten, medan de som inte är frälsta kommer att lida i den sjuåriga stora vedermödan på jorden och hamna i helvetet efter domen vid den stora vita tronen. Men även om alla Guds barn har gåvan att profetera, att på det här sättet "tala om framtida händelser", har inte alla andlig kärlek. Och om de inte har andlig kärlek, kommer de att förändra sina attityder efter vad de kan tjäna på det och därför kommer profetians gåva inte vara till någon virning för dem alls. Gåvan kan inte gå före eller överträffa kärleken.

"Hemligheter" här handlar om sådant som har varit dolt sedan före tidernas begynnelse, vilket är ordet om korset (1 Korinterbrevet 1:18). Ordet om korset är den omsorgsfulla planen för den mänskliga kultiveringen som Gud har initierat sedan före tidernas begynnelse utifrån sin suveränitet. Gud visste att människan skulle begå synder och falla in på dödens väg. Därför förberedde Han långt innan tidernas begynnelse Jesus Kristus som skulle bli Frälsaren. Innan denna omsorgsfulla plan blev uppfylld, höll Gud den dold som en hemlighet. Varför gjorde Han det? Om frälsningens väg hade varit känd, skulle den inte kunna uppfyllas eftersom fienden djävulen och Satan skulle ingripit (1 Korinterbrevet 2:6-8). Fienden djävulen och Satan trodde att de kunde bevara makten som de hade tagit emot från Adam för evigt om de dödade Jesus. Men även om vi känner till denna stora hemlighet är det inte till någon vinning för oss om vi inte har andlig kärlek.

Det är på samma sätt med kunskap. Termen "all kunskap" handlar inte om akademisk utbildning. Det handlar om kunskap om Gud och om sanningen i de 66 Bibelböckerna. När vi väl börjar lära känna Gud genom Bibeln, borde vi också möta Honom och uppleva Honom själva i våra liv och tro på Honom i våra hjärtan. Annars kommer kunskapen från Guds Ord bara bli en bit huvudkunskap för oss. Vi kanske till och med använder kunskapen på ett onyttigt sätt, genom att till exempel döma eller fördöma andra. Därför är kunskap utan andlig kärlek inte till någon nytta för oss.

Hur är det då om vi har sådan stor tro att det är möjligt att till och med flytta berg? Att ha stor tro betyder nödvändigtvis inte att man har stor kärlek. Varför följer inte måttet av tro och måttet av kärlek varandra exakt? Tro kan växa genom att man ser tecken och under och Guds gärningar. Petrus såg många tecken och under som Jesus gjorde och på grund av det kunde också han, under en kort tid, gå på vattnet när Jesus gick på vattnet. Men på den tiden hade Petrus ingen andlig kärlek eftersom han ännu inte hade tagit emot den Helige Ande. Han hade ännu inte omskurit sitt hjärta genom att göra sig av med synder heller. Så när hans liv senare utsattes för hot, förnekade han Jesus tre gånger.

Vi kan förstå varför vår tro växer genom erfarenhet, men andlig kärlek kommer bara in i våra hjärtan när vi lägger manken till, överlåter oss och gör uppoffringar för att bli av med synder. Men det betyder inte att det inte finns en direkt relation mellan andlig tro och kärlek heller. Vi kan försöka göra oss av med synder och försöka älska Gud och själarna eftersom vi har tro. Men utan gärningarna för att efterlikna Herren och kultivera sann kärlek, kommer vårt arbete för Guds rike inte ha något med Gud att göra oavsett hur trogna vi försöker vara. Det kommer vara precis som Jesus sade, "Men då skall jag säga dem sanningen: Jag har aldrig känt er. Gå bort ifrån mig, ni laglösa!" (Matteus 7:23)

Kärlek som för med sig himmelska belöningar

Mot slutet av året brukar många organisationer och personer donera pengar till tv-bolag och tidningsförlag för att hjälpa nödställda. Vad händer om deras namn inte nämns i tidningen eller på tv:n? Risken är att det inte kommer vara särskilt många personer eller företag som donerar pengar.

Jesus sade i Matteus 6:1-2, "Akta er för att utföra goda gärningar för att människor skall se er. Då får ni ingen lön hos er Fader i himlen. När du ger en gåva, blås då inte i trumpet för dig, som hycklarna gör i synagogorna och på gatorna för att människor skall berömma dem. Amen säger jag er: De har fått ut sin lön." Om vi hjälper andra för att själva få beröm från människor, kommer vi kanske få beröm tillfälligt men vi kommer inte få någon belöning från Gud.

Ett sådant givande är bara till för att tillfredsställa jaget eller för att skryta om det man har gjort. Om man endast ger till välgörenhet utifrån formalitet kommer ens hjärta bli mer och mer glatt ju mer man får beröm. Om Gud välsignar en sådan person, kan han tro att han gör rätt inför Gud. Då kommer han inte att omskära sitt hjärta och det är skadligt för honom. Om du ger till välgörenhet utifrån kärlek till din nästa, behöver du inte bry dig om ifall människor ser dig göra det. Det är för att du tror att Gud Fadern som ser vad du gör i det fördolda kommer att belöna dig (Matteus 6:3-4).

Välgörenhetsgärningar i Herren är inte bara att se till att människor har de grundläggande behoven mötta som kläder, mat och boende. Det handlar ännu mer om att ge andligt bröd för att frälsa själen. Idag hävdar många, oavsett om de tror på Herren eller inte, att kyrkornas roll i samhället är att hjälpa de sjuka, de utsatta och de fattiga. Det är självklart inte fel, men den första uppgiften för kyrkan är att predika evangelium och frälsa själarna så att de kan få andlig frid. Det ultimata målet för välgörenhet ligger inom dessa mål.

När vi därför hjälper andra, är det väldigt viktigt att utföra välgörenhet på rätt sätt genom att ta emot den Helige Andes ledning. Om hjälp inte ges på rätt sätt till en person, kan det till och med underlätta för en sådan person att dra sig längre bort från Gud. Det värsta som kan hända är att det till och med driver honom in på dödens väg. Om vi till exempel hjälper de som har blivit fattiga på grund av överdrivet drickande och spelande eller de som befinner sig i svårigheter på grund av att de har stått emot Guds vilja, då kommer hjälpen bara att få dem vidare in på den felaktiga vägen. Det betyder givetvis inte att vi inte ska hjälpa de otroende. Vi ska hjälpa de otroende genom att ge dem Guds kärlek. Vi får dock inte glömma bort att huvudsyftet med välgörenhet är att sprida evangeliet.

När det gäller nya troende som har svag tro, är det absolut nödvändigt att vi styrker dem tills deras tro växer upp. Ibland kan det till och med finnas bland de som har tro medfödda svagheter eller sjukdomar och andra som har varit med om någon olycka som gör att de inte kan försörja sig själva längre. Det finns också pensionärer som lever ensamma och barn som behöver stöd i hushållet eftersom de inte har några föräldrar. Dessa människor kan vara i desperat behov av välgörenhet. Om vi hjälper de människor som har faktiska behov kommer Gud låta det gå bra för vår själ och se till att allt går bra för oss.

I Apostlagärningar kapitel 10 står det om Kornelius som var en man som tog emot välsignelser. Kornelius fruktade Gud och hjälpte det judiska folket mycket. Han var en romersk officer i den ockuperande armén som styrde över Israel. I hans situation måste det ha varit svårt att hjälpa den lokala befolkningen. Judarna måste också ha varit mycket misstänksamma mot honom och hans kollegor kanske också hade kritiserat vad han gjort. Men eftersom han fruktade Gud upphörde han inte med välgörenhet och goda gärningar. Gud såg alla hans gärningar och sände Petrus till hans hushåll så att inte bara hans närmaste familj utan alla som var med honom i hans hem tog emot den Helige Ande och frälsning.

Det är inte bara välgörenhet som måste utföras med andlig kärlek utan också offer till Gud. I Markus 12 läser vi om en änka som fick beröm av Jesus för att hon offrade utifrån hela sitt hjärta. Hon hade bara gett två kopparmynt, men det var allt hon hade att leva på. Så varför berömde Jesus henne? Matteus 6:21 säger, "Ty där din skatt är, där kommer också ditt hjärta att vara." När änkan gav allt hon hade att leva på, betyder det att hela hennes hjärta var för Gud. Det var ett uttryck för hennes kärlek till Gud. Men motsatsen, då man offrar motvilligt, eller med misstänksamhet mot andra människors attityder och tyckanden behagar inte Gud. Sådana offer kommer därför inte vara till nytta för givaren.

Låt oss tala om självuppoffrande. Meningen "offrade min kropp till att brännas" betyder här " att offra sig själv helt och hållet." Vanligtvis ges offer utifrån kärlek, men de kan också ges utan kärlek. Vad är då offer som ges utan kärlek?

Att klaga över olika saker efter att man har gjort Guds verk är ett exempel på offer utan kärlek. Det är när du har använt din kraft, tid och pengar på Guds verk, men ingen har sett det eller gett dig beröm för det och du blir ledsen och klagar över det. Det är när du ser dina medarbetare och tycker att de inte är lika nitiska som du, trots att de hävdar att de älskar Gud och Herren. Du kanske till och med har sagt för dig själv att de är lata. Detta är egentligen bara din dom och fördömande över dem. Denna attityd innehåller en dold längtan efter att dina meriter ska synas för andra, att du ska få beröm och kunna skryta över din egen trofasthet. Ett sådant offer kan förstöra friden mellan människor och ge Gud hjärtesorg. Det är därför som ett offer utan kärlek inte för med sig någon vinning.

Du kanske inte klagar öppet med ord. Men om man inte ser dina trofasta gärningar, kommer du känna dig ledsen i hjärtat och tycka att du inte är värd något och din nit för Herren blir kall. Om någon pekar ut fel och svaga punkter i det som du har gjort med hela din styrka, ja till den grad att du verkligen har gjort stora uppoffringar, kanske du förlorar modet och blir arg på de som har kritiserat dig. När någon bär mer frukt än dig och får beröm och favör av andra, blir du svartsjuk och avundsjuk på honom. Då spelar det ingen roll hur trofast och brinnande du har varit, du kan inte få sann glädje inom dig. Du kanske till och med slutar att göra det som åligger dig.

Det finns också de som är nitiska bara när andra ser på. När de inte längre har någon som ser dem, blir de lata och gör inte längre det de gör på ett ordentligt sätt utan slarvigt. I stället för att utföra gärningar som inte syns utåt, försöker de bara göra sådant som är mycket synligt för andra. Det är för att de har en längtan att visa upp sig själva för de äldre och många andra, och få beröm av dem.

Så om någon har tro, hur kan han göra självuppoffringar utan kärlek? Det är för att de saknar andlig kärlek. De saknar känslan av ägandeskap i sina hjärtan att det som är Guds också är deras, och att vad som är deras också är Guds.

Man kan till exempel använda denna bild och jämföra situationen mellan en bonde som arbetar på sin egen mark och en anställd som arbetar på en annan mans mark för lön. När en bonde gör sitt jobb på sin egen mark arbetar han hårt från morgon till sen kväll. Han hoppar inte över något av det han behöver göra och han gör allt så bra han kan. Men en anställd person som arbetar på en mark som tillhör någon annan använder inte all sin energi för att arbeta utan önskar bara att solen ska gå ner så snart som möjligt så att han kan få sin lön och åka hem. Samma princip kan tillämpas på Guds rike också. Om människor inte har kärlek till Gud i sina hjärtan, kommer de arbeta som anställda för Honom, bara för att få sin lön. De kommer klaga och knota om de inte får den lön som de förväntar sig.

Det är därför det står i Kolosserbrevet 3:23-24, "Vad ni än gör, gör det av hjärtat, så som ni tjänar Herren och inte människor. Ni vet att det är av Herren som ni skall få arvet som lön. Det är

Herren Kristus ni tjänar." Att hjälpa andra och offra sig själv utan andlig kärlek har inte något med Gud att göra, vilket betyder att vi inte kommer ta emot någon belöning från Gud (Matteus 6:2).

Om vi vill offra med ett sant hjärta, måste vi ha andlig kärlek i våra hjärtan. Om vårt hjärta är fyllt med sann kärlek, kommer vi kunna fortsätta att ge våra liv till Herren med allt vad vi har, oavsett om andra ser oss eller inte. Precis som ett stearinljus har tänts och skiner i mörkret, kan vi ge upp allt vi äger. I Gamla Testamentet, när prästerna dödade ett djur för att offra det till Gud som ett försoningsoffer, utgöt de dess blod och brände dess fett på altarets eld. Vår Herre Jesus utgöt, precis som djuret offrades till försoning för vår synd, sista droppen av sitt blod och vatten för att återlösa alla människor från deras synder. Han visade oss ett exempel på ett sant offer.

Varför var Hans offer så effektivt i att leda många själar till frälsning? Det är för att Hans offer gavs utifrån fullkomlig kärlek. Jesus fullbordade Guds vilja till den grad att Han offrade sitt liv. Han offrade förböner för själarna till och med när Han hängde på korset (Lukas 23:34). På grund av detta sanna offer lyfte Gud upp Honom och gav Honom den mest ärofyllda positionen i himlen.

Därför står det i Filipperbrevet 2:9-10, "Därför har också Gud upphöjt honom över allting och gett honom namnet som är över alla namn, för att i Jesu namn alla knän skall böja sig, i himlen och på jorden och under jorden,"

Om vi kastar bort girighet och orena begär och offrar oss själva med ett rent hjärta som Jesus, kommer Gud lyfta upp oss och leda oss till högre positioner. Vår Herre lovar i Matteus 5:8, "Saliga är de renhjärtade, de skall se Gud." På det sättet kommer vi ta emot välsignelsen av att kunna se Gud ansikte mot ansikte.

Kärlek som överträffar rätten

Pastor Yang Won Sohn kallas för "kärlekens atombomb." Han visade ett exempel på ett offer som gavs med sann kärlek. Han tog hand om leprasjuka av hela sin kraft. Han kastades också i fängelse för att han vägrade att tillbe vid japanska krigsaltaren under det japanska styret i Korea. Trots hans överlåtna handlingar till Gud fick han chockerande nyheter. I oktober 1948 dödades två av hans söner av vänsterorienterade soldater i ett uppror mot de styrande makthavarna.

Vanliga människor skulle ha klagat på Gud och sagt, "Om Gud verkligen finns, hur kan Han då göra något sådant mot mig?" Men han tackade bara för att hans två söner hade blivit martyrer och var i himlen vid Herrens sida. Han förlät även upprorsmakaren som hade dödat hans två söner och till och med adopterade honom som sin son. Han tackade Gud för nio olika aspekter under sina söners begravning och det berörde många människors hjärtan på djupet.

"Först och främst tackar jag för att mina söner har blivit martyrer, trots att de föddes från mitt släktled, eftersom jag är så full av missgärningar.

För det andra tackar jag Gud för att Han gav mig dessa dyrbara söner att tillhöra min familj bland så många andra troendes familjer.

För det tredje tackar jag för att det var min första och andra son som blev offrade, de vackraste av mina tre söner och tre döttrar.

För det fjärde, det är svårt för en son att bli martyr, men för mig har två söner blivit martyrer, och det tackar jag för.

För det femte, det är en välsignelse att få dö i frid med tro på Herren Jesus, och jag tackar för att de har tagit emot härligheten i martyrskapet genom att ha blivit skjutna och dödade medan de predikade evangeliet.

För det sjätte, de förberedde sig för att åka till Förenta Staterna för att studera, och nu har de i stället kommit till himmelriket, vilket är en mycket bättre plats än Förenta Staterna. Jag är lättad och tacksam för det.

För det sjunde, jag tackar Gud som har hjälpt mig att adoptera som min fosterson, den fiende som dödade mina söner.

För det åttonde, jag tackar för att jag tror att det kommer bli en överflödande frukt i himlen genom mina två söners martyrskap.

För det nionde, jag tackar Gud som har hjälpt mig att inse Hans kärlek så att jag kan fröjda mig även i svåra tider som dessa."

Pastor Yanh Won Sohn evakuerade inte under det koreanska kriget för han ville fortsätta ta hand om de sjuka människorna. Till slut blev han martyr genom de kommunistiska soldaterna. Han tog hand om de sjuka som var utsatta och bortglömda av andra, och i godhet behandlade han sin fiende som hade dödat hans två söner. Han kunde offra sig själv på det här sättet eftersom han var fylld av sann kärlek till Gud och andra själar.

I Kolosserbrevet 3:14 säger Gud till oss, "Över allt detta skall ni klä er i kärleken, som binder samman till en fullkomlig enhet." Även om vi talar vackra änglalika ord och har förmågan att profetera och tro till att förflytta ett berg, och offrar oss själva för de nödställda, är de handlingarna inte fullkomliga i Guds ögon om de inte görs utifrån sann kärlek. Låt oss nu ta en noggrannare titt på varje mening som innehåller sann kärlek för att komma in i Guds kärleks obegränsade dimension.

Kärlekens kännetecken

"Kärleken är tålig och mild, kärleken avundas inte, den skryter inte, den är inte uppblåst, den uppför sig inte illa, den söker inte sitt, den brusar inte upp, den tillräknar inte det onda. Den gläder sig inte över orättfärdigheten men har sin glädje i sanningen. Den fördrar allting, den tror allting, den hoppas allting, den uthärdar allting."

1 Korinterbrevet 13:4-7

I Matteus 24 finner vi en scen där Jesus gråter över Jerusalem eftersom Han vet att Hans tid är nära. Genom Guds omsorgsfulla plan skulle Han hängas upp på ett kors, men när Han tänkte på de katastrofer som skulle komma över judarna och Jerusalem, kunde Han inget annat än att gråta över det. Lärjungarna undrade varför och ställde en fråga: "När skall detta ske, och vad blir tecknet på din återkomst och den här tidsålderns slut?" (v. 3)

Jesus berättade om många tecken och svarade dem sorgset att kärleken skulle svalna: "Och eftersom laglösheten tilltar, kommer kärleken att svalna hos de flesta" (v. 12).

Idag kan vi verkligen se att människors kärlek har svalnat. Många söker efter kärlek, men vet inte vad sann kärlek är, vad andlig kärlek är. Vi kan inte få sann kärlek bara för att vi vill ha den. Vi kan börja få den när Guds kärlek kommer in i våra hjärtan. Vi kan då börja förstå vad den är och också börja göra oss av med ondska från våra hjärtan.

Romarbrevet 5:5 säger, "Och det hoppet bedrar oss inte, ty Guds kärlek är utgjuten i våra hjärtan genom den Helige Ande, som han har gett oss." Som sagt, vi kan känna Guds kärlek genom den Helige Ande i våra hjärtan.

Gud talar om den andliga kärlekens kännetecken i 1 Korinterbrevet 13:4-7. Guds barn behöver lära sig dem och praktisera dem så att de kan bli kärlekens budbärare som låter människor uppleva andlig kärlek.

1. Kärleken är tålig

Om man av alla andra av kärlekens kännetecken saknar tålamod kan man lätt göra andra besvikna. Tänk dig att en chef ger ett särskilt jobb till någon att utföra, och den personen inte utför jobbet ordentligt. Då ger chefen snabbt jobbet till någon annan att avsluta. Den första personen som fick jobbet blir kanske förtvivlad över att han inte fick en andra chans att förbättra sig. Gud har nämnt tålamod eller att vara tålig som det första kännetecknet på andlig kärlek eftersom det är det mest grundläggande som behövs för att kultivera andlig kärlek. Om vi har kärlek kommer det aldrig vara tråkigt att vänta.

När vi förstår Guds kärlek försöker vi dela med oss av den kärleken till människor runt omkring oss. Ibland när vi försöker älska andra på det här sättet, får vi motsatta reaktioner från människor som verkligen kan såra eller skada oss eller göra så att vi förlorar något. Då kommer dessa människor inte längre verka älskvärda, och vi kommer inte kunna förstå dem särskilt väl. För att ha andlig kärlek behöver vi ha tålamod och älska till och med sådana människor. Även om de talar illa om oss, hatar oss eller försätter oss i svårigheter utan orsak, måste vi kunna kontrollera vårt sinne, ha tålamod och älska dem.

En församlingsmedlem bad mig en gång att be för hans fru som var deprimerad. Han sa också att han var alkoholist och när han började dricka blev han förändrades han och orsakade mycket svårigheter för sin familj. Hans fru hade dock under lång tid haft tålamod med honom och försökt skyla över hans fel med kärlek. Men hans ovana hade inte förändrats och allt eftersom tiden gick blev han en alkoholist. Hans fru förlorade livsglädjen och blev besegrad av depression.

På grund av hans drickande utsatte han sin familj för svåra tider, men han kom för att ta emot mina böner eftersom han fortfarande älskade sin fru. Efter att ha hört hans berättelse, sa jag till honom, "Om du verkligen älskar din fru, varför är det då så svårt att sluta röka och dricka?" Han svarade inte och verkade sakna självförtroende. Jag tyckte synd om hans familj. Jag bad för hans fru om att bli botad från depression, och jag bad för honom att han skulle ta emot kraft att sluta röka och dricka. Guds kraft var enastående! Han kunde sluta tänka på drickandet direkt efter förbönen. Innan dess hade det inte funnits en chans att han skulle sluta dricka, men direkt efter förbönen slutade han. Hans fru blev också botad från depressionen.

Att vara tålig är begynnelsen till andlig kärlek

För att kultivera andlig kärlek behöver vi ha tålamod med andra i alla slags situationer. Tycker du att det är jobbigt att vara uthållig? Eller, som frun i berättelsen ovan, blir du modfälld om du under lång tid haft tålamod med något och situationen inte alls förbättras? Innan man börjar skylla på omständigheterna eller andra människor behöver man rannsaka sitt eget hjärta. Om vi har kultiverat sanningen helt och hållet i våra hjärtan, kommer det inte finnas någon situation där vi inte kan var tåliga. Om vi inte kan vara tåliga betyder det att vi fortfarande har lika mycket ondska i våra hjärtan, vilket kommer från osanningen, som vi saknar tålamod.

Att ha tålamod betyder att vi har tålamod med oss själva och alla svårigheter vi möter när vi försöker visa sann kärlek. Det kan komma svåra situationer när vi försöker älska alla i lydnad till Guds Ord, och det är tålamodet i den andliga kärlek som gör att vi kan vara tåliga i alla dessa situationer.

Detta tålamod är inte samma tålamod som det talas om i de nio frukterna från den Helige Ande i Galaterbrevet 5:22-23. På vilket sätt är det annorlunda? Tålamodet som är en av de nio frukterna från den Helige Ande uppmanar oss att ha tålamod i allt som rör Guds rike och Hans rättfärdighet medan tålamodet i den andliga kärleken är att ha tålamod att kultivera andlig kärlek, och därför har det en smalare och mer specifik betydelse. Men man kan säga att det hör ihop med tålamodet som är en av de nio frukterna från den Helige Ande.

Tålamod som återfinns i de nio frukterna från den Helige Ande	1. Är till för att göra oss av med alla osanningar och för att kultivera hjärtat med sanningen 2. Är till för att förstå andra, söka deras bästa och bevara frid med dem 3. Är till för att ta emot svar på böner, frälsning och allt som Gud har utlovat

Nu för tiden händer det lätt att man stämmer någon för att de har orsakat någon liten skada på ens ägodelar eller välmående. Rättsväsendet översvämmas av stämningar mellan människor. Många gånger stämmer man sin egen fru eller man och till och med sina föräldrar eller barn. Om du har tålamod med andra kommer man säkert håna dig och tycka att du är en dåre. Men vad säger Jesus om det?

Det står i Matteus 5:39, "Jag säger er: Stå inte emot den som är ond, utan om någon slår dig på den högra kinden, så vänd också den andra åt honom" och i Matteus 5:40, "Om någon vill ställa dig inför rätta och ta din livklädnad, så låt honom få din mantel också."

Jesus säger inte bara att vi inte ska löna ont med ont, utan också ha tålamod. Han säger också till oss att göra gott mot de som är onda. Vi kanske tycker, "Hur kan jag göra gott mot dem om jag är upprörd och sårad?" Om vi har tro och kärlek kommer vi kunna göra det. Det är tron på Guds kärlek som har gett oss sin enfödde Son som försoning för våra synder. Om vi tror att vi har tagit emot denna kärlek kan vi förlåta till och med dem som har orsakat oss stort lidande och skada. Om vi älskar Gud som har älskat oss till den grad att Han gav oss sin enfödde Son, och om vi älskar Herren som har gett sitt liv för oss, kommer vi kunna älska vem som helst.

Tålamod utan gräns

Ibland händer det att människor undertrycker hat, ilska och

upprördhet eller andra negativa känslor tills något får bägaren att rinna över. Då tar tålamodet slut och de exploderar. Vissa introverta människor har inte lätt att uttrycka sina känslor utan lider bara inombords, och det leder till sämre hälsa på grund av inre stress. Ett sådant tålamod är som att trycka ner en fjäder gjord av metall med dina bara händer. Om du tar bort dina händer kommer fjädern att springa upp.

Det slags tålamod som Gud vill att vi ska ha är att vara tålig till slutet utan att ändra attityd. För att vara mer exakt, om vi har ett sådant tålamod, kommer vi inte ens behöva vara tåliga med något för vi kommer inte samla på oss hat eller förakt i våra hjärtan. I stället gör vi oss av med den ursprungliga onda naturen som orsakar negativa känslor och förvandlar det till kärlek och medlidande. Det är kärnan i den andliga betydelsen av tålamod. Om vi inte har någon ondska i våra hjärtan utan bara andlig kärlek i sin fullhet, kommer det inte ens vara svårt att älska våra fiender. Vi kommer inte ens låta fiendskap utveckla sig överhuvudtaget.

Om våra hjärtan är fulla av hat, bråk, avundsjuka och svartsjuka kommer vi först att se det negativa i andra människor, även om de faktiskt har goda hjärtan. Det är som om man har på sig solglasögon där allt verkar mörkare än vad det är. Men om våra hjärtan å andra sidan är fulla av kärlek, kommer till och med människor som handlar ont vara älskvärda. Oavsett vilka brister, tillkortakommanden, fel eller svagheter de kan ha, kommer vi inte hata dem. Även om de hatar oss och handlar ont mot oss, kommer vi inte återgälda det hatet.

Tålamod finns också i Jesu hjärta som inte "krossar ett brutet strå eller släcker en tynande veke." Det fanns i Stefanus hjärta som till och med bad för dem som stenade honom med orden, "Herre, ställ dem inte till svars för denna synd" (Apostlagärningarna 7:60). De stenade honom bara för att han hade predikat evangeliet för dem. Var det svårt för Jesus att älska syndare? Inte alls! Det var för att Hans hjärta var sanningen själv.

En dag ställde Petrus en fråga till Jesus, "Herre, hur många gånger skall min broder försynda sig mot mig och få min förlåtelse? Upp till sju gånger?" (Matteus 18:21) Då svarade Jesus, "Jag säger dig: Inte sju gånger utan sjuttio gånger sju" (v. 22).

Detta betyder att vi inte bara ska förlåta sjuttio gånger sju gånger, vilket är 490 gånger. Sju är ett tal som andligt symboliserar fullkomlighet. Att därför förlåta sjuttio gånger sju gånger står för fullkomlig förlåtelse. Vi kan i detta känna Jesu obegränsade kärlek och förlåtelse.

Tålamod som uppnår andlig kärlek

Det är givetvis inte lätt att förändra hat till kärlek över en natt. Vi måste vara tålmodiga under en lång tid, utan uppehåll. Efesierbrevet 4:26 säger, "Grips ni av vrede, så synda inte. Låt inte solen gå ner över er vrede."

Här står det för de som har svag tro att det går bra att gripas av vrede. Gud säger till dem att även om de blir arga på grund av brist på tro, får de inte bära sin vrede efter solnedgången, alltså under en lång tid, utan i stället låta de känslorna försvinna. Inom ramen för måttet på ens tro, kan man steg för steg förändra sitt hjärta till sanning och andlig kärlek genom att försöka göra sig av med ilska och vrede med tålamod och uthållighet när det stiger upp i ens inre.

När det gäller den syndfulla naturen som har ett djupt fäste i någons hjärta, kan personen göra sig av med den genom brinnande bön med den Helige Andes fullhet. Det är väldigt viktigt att vi försöker se på människor som vi inte tycker om med gillande och visa dem goda handlingar. När vi gör det kommer hatet i våra hjärtan snart att försvinna och då kommer vi att kunna älska dessa människor. Vi kommer inte att ha några konflikter och inte heller hata någon. Vi kommer också kunna leva lyckliga som i himlen precis som Herren säger, "Ty se, Guds rike är mitt ibland er" (Lukas 17:21).

Man brukar säga att man tycker man är i himlen när man känner sig lyckliga. Att himmelriket är mitt ibland er handlar om att du gör dig av med alla osanningar från ditt hjärta och fyller det med sanning, kärlek och godhet. Då kommer du inte ens behöva vara tålig, eftersom du alltid är lycklig, glad och full av nåd, och eftersom du älskar alla runt omkring dig. Ju mer du har gjort dig av med ondska och uppnår godhet, desto mindre behöver du vara tålig. Efter hur mycket du uppnår andlig kärlek, kommer du inte behöva vara tålig och trycka ner dina känslor för du har tålamod och kan fridfullt i kärlek vänta på att andra ska förändras.

I himlen finns det inga tårar, ingen sorg och ingen smärta. Eftersom det inte finns någon ondska utan bara godhet och kärlek i himlen, kommer du inte att hata någon, bli arg eller förlora tålamodet. Så du behöver inte lägga band på dina känslor och behärska dig. Vår Gud behöver naturligtvis inte heller vara tålig eftersom Han är kärleken själv. Orsaken till att Bibeln säger att "kärleken är tålig" är för att vi som människor har en själ och tankar och mentala ramverk. Gud vill hjälpa människor att förstå. Ju mer du gör dig av med ondska och uppnår godhet, desto mindre behöver du vara tålig.

Förändra fienden till vän genom tålamod

Förenta Staternas sextonde president Abraham Lincoln och Edwin Stanton kom inte bra överens när de var advokater. Stanton kom från en förmögen familj och hade fått en bra utbildning. Lincolns pappa var en fattig skomakare och han kunde inte ens gå ut grundskolan. Stanton hånade Lincoln med hårda ord. Men Lincoln blev aldrig arg och talade aldrig med agg mot honom.

Efter att Lincoln hade valts till president utnämnde han Stanton till krigsminister, vilket var en av de viktigaste positionerna i kabinettet. Lincoln visste att Stanton var rätt man för jobbet. Senare när Lincoln sköts i Fords teater sprang människor för sina liv. Men Stanton sprang raka vägen till Lincoln. Han höll honom i sina armar och med ögonen fyllda av tårar sa han, "Här ligger den största människa som världen någonsin har skådat. Han är den största ledaren genom historien."

Den andliga kärlekens tålamod kan föra med sig mirakler som

förvandlar fiender till vänner. Matteus 5:45 säger, "Då är ni er himmelske Faders barn. Han låter sin sol gå upp över onda och goda och låter det regna över rättfärdiga och orättfärdiga."

Gud har tålamod även med dem som gör det onda och vill att de ska förändras en dag. Om vi lönar ont med ont betyder det att vi också är onda, men om vi är tåliga och älskar dem genom att hämta hjälp från Gud som kommer belöna oss, kommer vi ta emot vackra boplatser i himmelriket senare (Psaltaren 37:8-9).

2. Kärleken är mild

Bland Aesops fabler finns det en berättelse om solen och vinden. En dag slog solen och vinden vad om vem som först kunde få av rocken från en förbipasserande man. Vinden började och blåste upp och skickade ner en stark vind som var tillräckligt stark för att blåsa av toppen av ett träd. Men mannen drog rocken närmare sin kropp. Därefter var det solens tur, som med ett leende på sina läppar började sprida varmt solsken. När det blev varmt kände mannen sig varm och tog snart av sig rocken.

Denna berättelse ger oss en god lärdom. Vinden försökte tvinga mannen att ta av sig sin rock, medan solen fick mannen att ta av sig rocken frivilligt. Mildhet liknar detta. Mildhet är att röra vid andra människors hjärtan och vinna dem, inte med fysisk kraft, utan med godhet och kärlek.

Mildhet accepterar alla slags personer

Den som har mildhet kan acceptera alla slags personer och många människor kan vila nära en. En ordbok definierar vänlighet som "kvalitet eller att vara vänlig" och att vara vänlig är att ha en natur som har fördrag med andra. Om du tänker på en bit bomull kan du lättare förstå mildhet. Bomull gör inget ljud ifrån sig ens när man slår på den. Den bara omfamnar objekt.

En mild person är också som ett träd där många människor kan vila ut. Om du sätter dig under ett stort träd en varm sommardag för att komma bort från den stekande solen, kommer du att känna dig bättre och svalare. Om man har ett milt hjärta kommer många människor vilja hålla sig till en och finna vila där.

När en människa är så vänlig och mild att han inte blir arg på någon som stör och inte insisterar på att föra fram sina egna åsikter, anser man vanligtvis att en sådan person är beskedlig och godhjärtad. Men oavsett hur mild eller beskedlig han är, om den godheten inte är erkänd av Gud, kommer han inte bli ansedd verkligt beskedlig. Det finns de som lyder andra mycket bra bara för att deras natur är svag och konservativ. Det finns andra som undertrycker sin vrede även om de blir upprörda när andra utsätter dem för tuffa saker. Men de kan ändå inte anses vara milda. Människor som inte har någon ondska utan bara kärlek i sina hjärtan accepterar och står ut med onda människor med andlig beskedlighet.

Gud vill se andlig mildhet

Andlig mildhet är ett resultat av att den andliga kärleken har nått sin fullhet och man har inte längre någon ondska. Med denna andliga mildhet kommer du inte att stå emot någon utan acceptera alla, oavsett hur dåligt de uppför sig. Du håller också ut för att du är vis. Men vi måste komma ihåg att vi inte kan anses vara milda bara för att vi ovillkorligen förstår och förlåter andra och är mjuka mot alla. Vi måste också ha rättfärdigheten, värdigheten och makten att kunna leda och påverka andra. Så en andligt mild person är inte bara mjuk, utan också vis och rättfram.

En sådan person lever ett exemplariskt liv. För att vara mer specifik om andlig mildhet är det att vara beskedlig i hjärtat såväl som att ha en generositet värd heder på utsidan.

Även om vi har ett milt hjärta utan ondska utan bara godhet, och om vi bara har en inre mjukhet kommer den mjukheten inte kunna få oss att omfamna och ha positivt inflytande på andra. När vi därför har både inre mildhet och det yttre kännetecknet på en hedervärdig generositet kommer vår mildhet vara fullkomlig och vi visar större makt. Om vi har både generositet och ett milt hjärta kan vi vinna många människors hjärtan och uppnå mycket mer.

Man kan visa sann kärlek mot andra när man har godhet och mildhet i hjärtat, medlidandets fullhet samt hedervärdig generositet för att kunna leda andra till den rätta vägen. Då kan man leda många själar till frälsningens väg, vilket är den rätta vägen. Mildheten inuti kan inte skina klart om det inte finns någon hedervärdig generositet på utsidan. Låt oss först ta en titt på vad vi ska göra för att kultivera den inre mildheten.

Måttstocken för inre mildhet är helgelse

För att kunna uppnå mildhet måste vi först av allt göra oss av med ondska från hjärtat och bli helgade. Ett milt hjärta är som bomull, och även om någon är aggressiv mot en kommer det inte ut något ljud utan det bara omfamnar personen. En person med ett milt hjärta har ingen ondska och därför har han inga konflikter med någon. Men om vi har ett skarpt hjärta med hat, svartsjuka och avundsjuka eller ett förhärdat hjärta som är självrättfärdigt och hårdnackat på grund av våra egna föreställningar, kommer det vara svårt för oss att omfamna andra.

Om en sten ramlar och slår mot en annan sten eller något hårt metallobjekt, skapas ett oljud och de slår mot varandra. På samma sätt är det om vårt kötts jag fortfarande lever, då kommer vi att avslöja våra dåliga känslor mot andra när vi möter lite motstånd. När man märker att människor har brister i sin karaktär och andra fel, kanske man inte kan beskydda eller förstå dem utan börjar i stället döma, fördöma, skvallra och tala illa om dem. Det betyder att vi är som små kärl som svämmar över så fort man försöker hälla något i dem.

Ett litet hjärta fyllt med många smutsiga ting har inte plats för att acceptera någonting annat. Vi kanske till exempel känner oss förolämpade om andra pekar ut våra misstag. Eller om vi ser någon som viskar kanske vi tror att de talar om oss och undrar vad de säger. Vi kanske till och med dömer andra bara för att de kastar en blick på oss.

Att inte ha någon ondska i hjärtat är det grundläggande som behövs för att kultivera mildhet. Orsaken till det är att när det inte finns någon ondska kan vi tycka om andra från våra hjärtan och vi kan se dem genom godhet och kärlek. En mild person ser på andra med barmhärtighet och medlidande hela tiden. Han har inga tankar på att döma eller fördöma andra; han försöker bara förstå andra utifrån kärlek och godhet, och till och med onda människor smälter av hans värme.

Det är särskilt viktigt att de som undervisar och leder andra ska vara helgade. Efter hur mycket ondska de har, kommer de kunna använda sina egna köttsliga tankar. På samma sätt kan de inte heller helt urskilja flockens tillstånd och därför kan de inte leda själarna till gröna ängar och till vatten där de finner ro. Det är bara när vi är helt och hållet helgade som vi kan ta emot den Helige Andes ledning och förstå flockens behov på ett korrekt sätt för att leda dem på det bästa sättet. Gud kan också erkänna dem som är helgade helt och fullt att vara verkligt milda. Olika människor har olika måttstockar för hur en mild människa ska vara. Men mildhet i människors ögon och i Guds ögon skiljer sig åt.

Gud accepterade Moses mildhet

I Bibeln fick Mose omdömet av Gud att han var mild. Vi kan lära oss hur viktigt det är att bli erkänd av Gud från 4 Mosebok kapitel 12. En gång kritiserade Moses bror Aron och hans syster Mirjam Mose för att han hade gift sig med en nubisk kvinna.

4 Mosebok 12:2 säger, "De sade: 'Är då Mose den ende som HERREN talar genom? Talar han inte också genom oss?' Och HERREN hörde detta."

Vad sa Gud om det som de hade sagt? "Jag talar ansikte mot ansikte med honom, tydligt och inte i gåtor, och han får se HERRENS gestalt. Fruktar ni då inte att tala illa om min tjänare Mose?" (4 Mosebok 12:8)

Arons och Mirjams fördömande kommentarer mot Mose

gjorde att Guds vrede upptändes. På grund av det fick Mirjam spetälska. Aron var som en talesperson för Mose och Mirjam var också en av menighetens ledare. De tyckte att de också var så älskade och erkända av Gud, så när Mose gjorde ett fel kritiserade de omedelbart honom för det.

Gud accepterade inte Arons och Mirjams fördömande och tal mot Mose som kom utifrån deras egen standard. Vilken slags människa var Mose? Han var erkänd av Gud som den ödmjukaste och mildaste bland alla på jordens yta. Han var också så trofast och betrodd i hela Guds hus, och för det litade Gud på honom så mycket att han till och med kunde tala med Gud ansikte mot ansikte.

Om vi ser på processen som Israels folk gick igenom när de flydde från Egypten och gick mot Kanaans land, kan vi förstå varför Guds erkännande av Mose var så stort. Folket som kom ut från Egypten syndande om och om igen, och gick emot Guds vilja. De klagade mot Mose och anklagade honom för till och med små svårigheter, och det var detsamma som att klaga mot Gud. Varje gång de klagade, bad Mose om Guds nåd.

Det var något som hände som dramatiskt visade Moses mildhet. När Mose var uppe på berget Sinai för att ta emot buden, gjorde folket en avgud – en gyllene kalv – och de åt, drack och gav sig själva till utsvävningar medan de tillbad den. Egyptierna tillbad en gud som var som en tjur och en som var som en ko, och de imiterade sådana gudar. Gud hade visat israeliterna att Han var med dem så många gånger, men de visade inga tecken på att förändras. Till slut kom Guds vrede över dem. Men denna gång ställde Mose sig i gapet för dem i förbön, med sitt eget liv som utbyte: "Men förlåt dem nu deras synd. Om inte, så utplåna mig ur boken som du skriver i" (2 Mosebok 32:32).

"Den bok som du skriver i" handlar om livets bok där namnen på de som är frälsta är nedtecknade. Om ditt namn utplånas från livets bok kan du inte bli frälst. Det betyder inte bara att du inte kan ta emot frälsning, utan att du också kommer att lida i helvetet för evigt. Mose var mycket väl medveten om livet efter döden, men han ville rädda folket även om det innebar att han skulle ge upp sin egen frälsning för deras skull. Det hjärta som Mose hade var väldigt likt Guds hjärta som inte vill att någon enda ska gå under.

Mose kultiverade mildhet genom prövningar

Mose hade givetvis inte en sådan mildhet från början. Trots att han var hebré blev han uppfostrad som son till en egyptisk prinsessa och saknade ingenting. Han fick den högsta utbildningen i egyptisk kunskap och stridskunskap. Han var också stolt och självrättfärdig. En dag såg han en egyptier slå en hebré och på grund av hans självrättfärdighet, slog han ihjäl egyptiern.

På grund av detta blev han över natten en flykting. Lyckligtvis blev han en herde i ödemarken med hjälp av prästen i Midjan, men han hade förlorat allt. Att ta hand om en fårahjord ansågs i Egypten vara bland det lägsta man kunde göra. Under fyrtio år var han tvungen att göra det han tidigare hade sett nedlåtande på.

Under denna tid ödmjukade han sig helt och hållet och började förstå Guds kärlek och om livet.

Gud kallade inte Mose, prinsen av Egypten, att vara Israels folks ledare. Gud kallade fåraherden Mose som hade ödmjukat sig själv många gånger även efter att Gud hade kallat honom. Han ödmjukade sig själv helt och hållet och gjorde sig av med ondska från sitt hjärta genom prövningar, och på grund av detta hade han förmåga att leda mer än 600 000 män ut ur Egypten och till Kanaans land.

Så det viktiga i att kultivera mildhet är att vi måste kultivera godhet och kärlek genom att ödmjuka oss själva inför Gud i de prövningar som vi tillåts gå igenom. Vår nivå av ödmjukhet påverkar vår mildhet också. Om vi är tillfredsställda med det nuvarande tillståndet och tycker att vi åtminstone har kultiverat sanningen till en viss del och är nöjda så länge människor runt omkring oss ser det kommer vi bara bli mer arroganta, som det hände med Aron och Mirjam.

Hedervärdig generositet fullkomnar andlig mildhet

För att kunna kultivera andlig mildhet ska vi inte bara bli helgade genom att göra oss av med alla former av ondska, vi måste också kultivera en generositet värd heder. En generositet värd heder är att ha ett synsätt som accepterar och välkomnar andra; att göra det rätta som vi människor är skyldiga att göra; och att ha det karaktärsdraget som gör att vi låter andra underordna sig och överlåta sina hjärtan, genom att förstå deras tillkortakommanden och acceptera dem. Detta sker inte med fysisk kraft.

Människor som är så här har en kärlek som ingjuter förtroende och förtröstan hos andra. Hedervärdig generositet är som kläderna som man har på sig. Oavsett hur goda vi är på insidan, kommer människor titta nedlåtande på oss om vi är nakna. På samma sätt är det, oavsett hur snälla vi är, kan vi inte riktigt visa värdet på vår mildhet om vi inte har en generositet som är värd heder. Om en person till exempel är mild på insidan, men med sin mun säger många onödiga ord när han talar med andra kommer inte riktigt få förtroende från andra trots att han inte har en ond intention med vad han gör. Det är för att han inte förstår eller har lärt sig hur man talar. En del människor har inte några negativa känslor i sig eftersom de är milda, och de orsakar ingen skada för andra. Men om de inte aktivt hjälper andra eller tar hand om andra utifrån omtanke, kommer det att vara svårt för dem att vinna deras hjärtan.

Blommor som inte har vackra färger eller någon god doft kan inte dra till sig bin eller fjärilar även om de har mycket nektar. På liknande sätt kan vår mildhet inte riktigt skina, även om vi är så milda att vi kan vända andra kinden till om någon slår oss på den ena kinden, om vi inte har en generositet värd heder i våra ord och handlingar. Sann mildhet kan bara uppnås och synas i sitt rätta jag när den inre mildheten bär yttre kläder i form av hedervärdig generositet.

Josef hade denna hedervärdiga generositet. Han var den elfte sonen till Jakob, Israels stamfader. Han blev hatad av sina bröder och såldes som slav till Egypten vid ung ålder. Men med Guds hjälp blev han premiärminister i Egypten vid trettio års ålder. Egypten på den tiden var en mycket stark nation centrerad kring Nilen. Det var en av fyra huvudsakliga "civilisationens vaggor" i världen. Härskarna och människorna var stolta över sig själva, och det var inte alls lätt som invandrare att bli premiärminister. Om han bara gjorde ett enda litet fel, skulle han ha fått säga upp sig omedelbart.

Till och med i en sådan situation styrde Josef Egypten väldigt bra och på ett vist sätt. Han var mild och ödmjuk, och han gjorde inget fel i varken ord eller handling. Han hade också vishet och värdighet som en härskare. Han hade makt och var efter kungen rikets mäktigaste man, men han försökte inte att dominera folket eller briljera. Han var disciplinerad mot sig själv, men generös och mjuk mot andra. Därför behövde kungen och de andra ministrarna inte vara reserverade inför honom eller på sin vakt eller vara svartsjuk på honom; de litade på honom helt och hållet. Vi kan se detta på hur varmt egyptierna välkomnade Josefs familj som flyttade till Egypten från Kanaan för att undkomma hungersnöden.

Josefs mildhet efterföljdes av hedervärdig generositet

Om man har denna generositet värd heder betyder det att man har ett brett hjärta, och att man inte dömer eller fördömer andra utifrån sin egen standard, även om man själv gör rätt i sina ord och handlingar. Detta karaktärsdrag i Josef syntes verkligen när hans bröder, som hade sålt honom som slav till Egypten, kom till Egypten för att få mat.

Till en början kände bröderna inte igen Josef. Det var förståeligt eftersom de inte hade sett honom på mer än tjugo år. De hade naturligtvis inte ens kunnat föreställa sig att Josef hade blivit premiärminister i Egypten. Vad kände då Josef såg sina bröder som nästan hade dödat honom och sedan sålt honom som slav till Egypten? Han hade makten att låta dem betala för sina synder men han inte hämnas. Han dolde sin identitet och testade dem med några frågor för att se om deras hjärtan fortfarande var desamma som tidigare.

Josef gav dem faktiskt en chans att omvända sig från sina synder inför Gud av sig själva, eftersom synden att planera att döda och sälja sin egen broder som en slav till ett annat land inte var en liten synd. Det var inte så att han bara direkt förlät dem eller straffade dem, men han ledde det hela på ett sätt så att hans bröder själva kunde omvända sig från sina synder. När bröderna till slut kommit ihåg sin skuld och ångrat sig, avslöjade Josef sin identitet.

Då blev hans bröder rädda. Deras liv låg nu i deras broder Josefs hand som nu var premiärminister i Egypten, den starkaste nationen på jorden på den tiden. Men Josef hade ingen önskan att fråga dem varför de hade gjort vad de gjorde. Han hotade dem inte genom att säga, "Nu ska ni få betala för era synder." I stället försökte han trösta dem och få dem på bättre tankar. "Men var

Kärlekens kännetecken

inte bedrövade och sörj inte över att ni sålde mig hit. Det var för att bevara liv som Gud sände mig hit före er" (1 Mosebok 45:5). Han erkände det faktum att allting hade skett enligt Guds plan. Josef förlät inte bara sina bröder från sitt hjärta, utan tröstade dem också med vänliga ord och förstod dem helt och hållet. Det betyder att Josef visade handlingar som till och med berör fienden, vilket är ett exempel på hedervärdig generositet. Josefs inre mildhet med yttre hedervärdig generositet var källan till kraft att rädda så många liv i och runt omkring Egypten och grunden för att uppnå Guds förundransvärda plan. Som vi har beskrivit så här långt, är den hedervärdiga generositeten ett yttre uttryck på den inre mildheten, och den kan vinna många människors hjärtan och visa stor kraft.

Helgelse är nödvändigt för att bli så generös

Precis som inre mildhet kan uppnås genom helgelse, kan också hedervärdig generositet kultiveras när vi gör oss av med ondska och blir helgade. Även om man inte är helgad kan man förstås göra hedervärdiga och generösa handlingar till en viss grad på grund av utbildning eller för att man är född med ett stort hjärta. Men sann hedervärdig generositet kommer från ett hjärta som är fritt från ondska och som bara följer sanningen. Om vi vill kultivera hedervärdig generositet helt och hållet, är det inte tillräckligt att bara dra upp stora rötter av ondska från våra hjärtan. Vi måste göra oss av med vartenda spår av ondska (1 Tessalonikerbrevet 5:22).

Det citeras i Matteus 5:48, "Var alltså fullkomliga, såsom er Fader i himlen är fullkomlig." När vi har gjort oss av med all slags ondska från hjärtat och också blivit felfria i våra ord, handlingar och beteende, kan vi kultivera mildhet så att många människor kan finna vila i oss. Därför får vi inte bli tillfredsställda när vi når en nivå där vi har gjort oss av med ondska som hat, avundsjuka, svartsjuka, arrogans och hett temperament. Vi måste också göra oss av med mindre missgärningar i kroppen och göra sanningsenliga gärningar genom Guds Ord och brinnande bön, och genom att ta emot den Helige Andes ledning.

Vad är missgärningar i kroppen? Romarbrevet 8:13 säger, "Om ni lever efter köttet kommer ni att dö. Men om ni genom Anden dödar kroppens gärningar skall ni leva."

Kroppen här handlar inte bara om vår fysiska kropp. Kroppen handlar andligt om människans kropp efter att den har tömts på sanningen. Därför är kroppens gärningar de handlingar som kommer från osanningar som har fyllt mänskligheten som har förändrats till kött. Kroppens gärningar inkluderar inte bara uppenbara synder utan även alla slags ofullkomliga gärningar eller sätt att vara på.

Det hände något ovanligt med mig förut. Varje gång jag rörde vid något kändes det som om jag fick en elektrisk stöt som gjorde att jag ryckte till. Jag blev rädd för att röra vid saker. Det gjorde att närhelst jag rörde vid något, bad jag alltid i mitt sinne till Herren. Jag fick ingen stöt när jag rörde väldigt försiktigt vid något. Om jag skulle öppna dörren var jag tvungen att hålla dörrhandtaget väldigt försiktigt. Till och med när jag skulle skaka hand med församlingsmedlemmarna var jag tvungen att vara försiktig. Detta fenomen pågick under flera månader och jag blev väldigt försiktig och mild i mina rörelser. Senare insåg jag att Gud genom denna erfarenhet hade gjort min kropps handlingar fullkomlig.

Det kanske kan anses trivialt, men det sätt man uppför sig på är väldigt viktigt. Vissa människor har gjort det till en vana att ta fysisk kontakt med andra när de skrattar eller pratar med dem som står bredvid dem. Andra använder väldigt hög röst oavsett vilken tid det är eller var man är och det gör andra obekväma. Sådant uppförande är inte något stort fel, men det är ändå ofullkomliga gärningar från kroppen. Den som har en hedervärdig generositet har ett mycket gott uppförande i sitt vardagsliv, och många känner vila i deras närvaro.

Förändra hjärtats karaktär

Vi måste sedan kultivera vårt hjärtas karaktär för att få den hedervärdiga generositeten. Hjärtats karaktär handlar om hjärtats storlek. Beroende på hur ens hjärtas karaktär är kan vissa människor göra mer än vad som förväntas av dem medan andra bara gör det som förväntas eller inte ens det. En människa med hedervärdig generositet har en karaktär i hjärtat som är stort och brett, vilket gör att han inte bara ser till sina egna personliga behov, utan också tar hand om andra.

Filipperbrevet 2:4 säger, "Se inte på ert eget bästa utan tänk på andras." Detta karaktärsdrag i hjärtat kan skilja sig beroende på hur mycket vi har spänt ut våra hjärtan i alla omständigheter, så vi kan förändra det genom kontinuerligt arbete. Om vi otåligt bara ser på vårt eget bästa, behöver vi be detaljerat och förändra vårt inskränkta sinne så att det blir bredare så att man först ser till andras bästa i allt.

Inte förrän han såldes som slav till Egypten växte Josef upp som växter och blommor växer i växthuset. Han kunde inte ta hand om allt i huset eller förstå sina bröders hjärtan eller ställning som inte var älskade av sin far. Men genom olika prövningar fick han ett hjärta som kunde läsa andra och kunna hantera allt i sin omgivning, och han lärde sig att tänka på andra.

Gud förökade Josefs hjärta för att förbereda honom för den tid då han skulle bli premiärminister i Egypten. Om vi uppnår ett sådant hjärta tillsammans med ett mild och felfritt hjärta, kan vi också lära oss att hantera och styra en stor organisation. Det är det karaktärsdrag som en ledare måste ha.

Välsignelser för den som är mild

Vilka slags välsignelser ges till de som har uppnått en fullkomlig mildhet genom att ta bort all ondska från hjärtat och kultivera yttre hedervärdig generositet? Som det står i Matteus 5:5, "Saliga är de ödmjuka, de skall ärva jorden" och i Psaltaren 37:11, "Men de ödmjuka skall ärva landet och glädja sig över stor frid" kan de ärva landet. Landet här symboliserar de boplatserna i de himmelska kungadömena, och att ärva landet betyder "att få njuta av stor makt i himlen i framtiden."

Varför skall de få stor makt i himlen? Därför att en mild person styrker andra själar med vår Fader Guds hjärta och berör dem. Ju ödmjukare man blir, desto fler själar kommer känna vila i ens närvaro och ledas till frälsning. Om vi kan bli en stor människa som andra kan känna vila hos, betyder det att vi har tjänat andra väldigt mycket. Himlens auktoritet kommer att ges till dem som betjänar. Matteus 23:11 säger, "Den som är störst bland er skall vara de andras tjänare."

På detta sätt kan en ödmjuk person kunna få mycket makt och ärva det vidsträckta landet som boplats när han når himlen. Även här på jorden har de som har mycket makt, rikedom, rykte och kraft många som följer dem. Men om de förlorar allt de äger förlorar de det mesta av sin auktoritet och många som har följt dem lämnar dem. Den andliga auktoritet som följer en ödmjuk och mild person är annorlunda jämfört med den som finns i denna värld. Den förändras inte och försvinner inte. Här på jorden kommer han ha framgång i allt eftersom det står väl till med hans själ. Även i himlen kommer han bli storligen älskad av Gud för evigt och bli respekterad av mängder av själar.

3. Kärleken avundas inte

Duktiga studenter övar och läser in sig på sina anteckningar på de frågor som de missade på provet. De tar reda på varför de misslyckades och inte skrev rätt svar och försöker förstå ämnet grundligt innan de fortsätter vidare. Man säger att denna metod är väldigt effektiv när det gäller att lära sig ett ämne som man tycker är svårt snabbare än vanligt. Samma metod kan också användas när det gäller att kultivera andlig kärlek. Om vi rannsakar våra handlingar och ord i detalj och gör oss av med våra tillkortakommanden en efter en, då kan vi uppnå andlig kärlek snabbare. Låt oss titta på nästa kännetecken för andlig kärlek – "Kärleken avundas inte."

Avundsjuka inträffar när en känsla av avund, bitterhet och olycka växer sig stor och man begår onda handlingar någon annan. Om vi känner avundsjuka och svartsjuka i vårt sinne kommer vi att ha negativa känslor när vi ser någon annan få beröm eller favör. Om man märker att en person kan mer, är rikare och mer kompetent än en själv, eller om en av ens kollegor når framgång och får favör från många människor kan man känna sig avundsjuk. Ibland kanske man till och med hatar personen, vill lura av honom allt han har och trampa ner honom fullständigt.

Å andra sidan kan man känna sig modfälld och tänka, "Han är så favoriserad av andra, men jag då? Jag är ingenting!" Med andra ord, man känner sig modfälld eftersom man jämför sig med andra. En del tror inte att det handlar om avundsjuka om man själv är modfälld, men kärleken gläder sig med sanningen. Om vi med andra ord har sann kärlek kan vi glädja oss när någon annan har framgång. Om vi blir modfällda och skyller på oss själva, eller inte gläder oss med sanningen är det för att vårt ego, eller "jag" fortfarande är aktivt. Eftersom vårt "jag" är vid liv, blir vår stolthet sårad när vi känner att vi är mindre än andra.

När avundsjuka växer i sinnet och när det kommer ut som onda ord och gärningar, är det avundsjuka som detta kärlekskapitel talar om. Om avundsjuka utvecklas till ett allvarligare stadie kan man skada eller till och med döda andra människor. Avundsjuka är ett yttre avslöjande av ett ont och smutsigt hjärta, och därför är det svårt för dem som har avundsjuka att ta emot frälsning (Galaterbrevet 5:19-21). Det beror på att avundsjuka är en uppenbar handling från köttet, en synd som syns och begås utåt. Avundsjuka kan delas in i flera olika sorter.

Avundsjuka i kärleksförhållanden

Avundsjuka provoceras till handling när en person i ett förhållande vill få mer kärlek och favorisering från den andra än han/hon får. Jakobs två fruar, Lea och Rakel, var till exempel avundsjuka på varandra och ville båda bli mer favoriserade av Jakob. Lea och Rakel var systrar, döttrar till Jakobs morbror Laban.

Jakob gifte sig mot sin vilja med Lea efter att ha lurats av sin morbror Laban. I själva verket älskade Jakob Leas yngre syster

Rakel, och fick henne till hustru efter 14 års arbete hos sin morbror. Redan från början älskade Jakob Rakel mer än Lea. Men Lea födde fyra barn medan Rakel inte hade fött ett enda.

På den tiden var det en skam för kvinnor om man inte fick barn, och Rakel var hela tiden avundsjuk på sin syster Lea. Hon var så förblindad av sin avundsjuka att hon ställde till problem för sin man Jakob också. "Skaffa mig barn, annars dör jag" (1 Mosebok 30:1).

Både Rakel och Lea gav sina slavinnor till Jakob som bihustrur för att vinna hans kärlek. Om de hade haft en liten del av sann kärlek i sina hjärtan, kunde de ha glatt sig med den andra när den blev mer favoriserad av deras man. Avundsjuka gjorde dem alla – Lea, Rakel och Jakob – olyckliga. Det påverkade deras barn också.

Avundsjuka när andra är mer lyckosamma

Avundsjukans styrka i varje person skiljer sig beroende på det värde man tycker sig ha i livet. Men vanligtvis blir man avundsjuk när någon är rikare, kan mer, är mer kompetent än en själv eller när någon annan blir favoriserad och älskad. Det är inte svårt att hamna i situationer där man blir avundsjuk på någon annan, till exempel i skolan, på arbetsplatsen, och i hemmet eftersom avundsjuka kommer från känslan av att någon har det bättre än vi själva. När en nykomling avancerar och når större framgång än vi själva, kanske vi hatar eller förtalar honom. Vi kanske tycker att vi måste trampa ner andra för att själva vara framgångsrika och favoriserade.

Det finns till exempel människor som avslöjar någons fel och tillkortakommanden på arbetsplatsen för att chefen ska fatta misstankar om vad den personen gör för att man själv vill vara den som avancerar och blir befordrad. Unga studenter är inget undantag från detta. Vissa studenter stör sig på andra som är duktiga eller mobbar de som favoriseras av läraren. Hemma kan barn skvallra och bråka med sina bröder och systrar för att få erkännande och favorisering från föräldrarna. Andra gör det för att de vill ärva mer ägodelar från sina föräldrar.

Så var det med Kain, den första mördaren i mänsklighetens historia. Gud accepterade bara Abels offer. Kain kände sig förbisedd och när hans avundsjuka växte sig stark i honom ledde det till att han till slut dödade sin egen bror Abel. Han måste ha hört många gånger från sina föräldrar, Adam och Eva, om blodsoffer från djur, och måste ha haft god kunskap om det. "Så renas enligt lagen nästan allt med blod, och utan blod utgjuts ges ingen förlåtelse" (Hebreerbrevet 9:22).

Trots det offrade han bara det han hade skördat från den mark som han hade brukat. Abel å andra sidan, offrade det förstfödda av fåren från sitt hjärta efter Guds vilja. Somliga kanske säger att det inte var svårt för Abel att offra ett lamm för han var ju en fåraherde, men så var det inte. Han lärde sig Guds vilja från sina föräldrar och han ville följa Hans vilja. Detta var orsaken till att Gud bara accepterade Abels offer. Kain blev avundsjuk på sin bror men ångrade inte vad han hade gjort. När avundsjukans flamma hade tänts kunde den inte släckas, och till slut dödade han sin bror

Abel. Så mycket det måste ha smärtat Adam och Eva!

Avundsjuka mellan bröder i tron

En del troende är avundsjuka på andra bröder eller systrar i tron som kommit längre än dem i ordning, position, tro eller trofasthet till Gud. Något sådant sker vanligen när den andra är jämnårig, jämbördig i position eller att man har varit troende ungefär lika länge, eller när man känner den andra personen väl.

Som Matteus 19:30 säger, "Men många som är de första skall bli de sista, och många som är de sista skall bli de första" kan det hända att de som har varit troende kortare tid, är yngre, har en lägre position i församlingen går om en. Då kan man känna stark avundsjuka mot dem. Sådan avundsjuka existerar inte bara bland troende i samma församling. Det kan också finnas mellan pastorer och församlingsmedlemmar, mellan församlingar, och till och med mellan olika kristna organisationer. När en person gör något som ger äran till Gud borde alla glädja sig tillsammans, men i stället baktalar man varandra och påstår att den andre är villolärare bara för att försöka smutsa ner hans rykte eller organisationens. Hur skulle föräldrar reagera om deras barn bråkar med varandra och hatar varandra? Även om barnen ger dem god mat och goda ting, kommer de inte vara glada. Och om troende som är Guds barn allesammans bråkar och grälar på varandra, eller om det finns avundsjuka mellan församlingarna, kommer det bara göra vår Herre bedrövad.

Sauls avundsjuka mot David

Saul var Israels första kung. Han slösade bort sitt liv på att vara avundsjuk på David. För Saul var David som en riddare i skinande rustning som räddade hans land. När soldaternas moral var som lägst på grund av filistéen Goliats skräckinjagande framtoning, reste sig David mäktigt upp och fällde filistéernas hjälte med ett slängskott. Denna enda handling gav Israels seger. Efter det fortsatte David att göra stordåd och försvarade landet mot filistéernas attacker. Problemet mellan Saul och David uppstod vid denna tidpunkt. Saul hörde något mycket stötande från folket som välkomnade David efter seger på stridsfältet. Det var, "Saul har slagit sina tusen, David sina tiotusen" (1 Samuelsboken 18:7).

Saul blev mycket illa berörd och han tänkte, "Hur kan de jämföra mig med David? Han är inget annat än en liten herdepojke!"

Hans vrede växte när han fortsatte att tänka på det han hade gjort. Han tyckte inte det var rätt att folket prisade David så mycket, och från den stunden var han misstänksam mot David. Saul trodde förmodligen att David hade gjort det han hade gjort för att vinna folkets hjärta. Nu var Sauls vrede riktad mot David. Han tänkte, "Om David redan har vunnit folkets hjärta är upproret bara en tidsfråga!"

När hans tankar mer och mer uppfylldes av detta började Saul leta efter en möjlighet att döda David. En gång led Saul av onda andar och David spelade harpan för honom. Saul tog möjligheten och kastade sitt spjut mot honom. Lyckligtvis duckade David och lyckades fly. Men Saul gav inte upp i sin kamp om att döda David. Han jagade hela tiden efter David med sin armé.

Trots allt detta hade David ingen önskan om att skada Saul eftersom kungen hade blivit smord av Gud, och kung Saul visste det. Men avundsjukans flamma som tänts i Saul släcktes inte. Saul fortsatte att känna sig illa berörd i sina tankar på grund av sin avundsjuka. Ända till sin död i en strid mot filistéerna, slappnade Saul inte av i sin avundsjuka på David.

De som var avundsjuka på Mose

I 4 Mosebok 16 läser vi om Kora, Datan och Abiram. Kora var en levit, och Datan och Abiram kom från Rubens stam. De var arga på Mose och hans bror och hjälpare Aron. De hatade det faktum att Mose hade varit en prins i Egypten och nu styrde dem trots att han varit en flykting och fåraherde i Midjan. De hade förstås själva velat bli ledare. Därför gjorde de uppror och övertalade folket att få dem över på deras sida.

Kora, Datan och Abiram samlade 250 personer på sin sida och trodde att de skulle kunna ta över makten. De gick till Mose och Aron och grälade på dem. De sade, "Nu får det vara nog! Hela menigheten är ju helig, alla är det, och HERREN är mitt ibland dem. Varför upphäver ni er då över HERRENS församling?" (4 Mosebok 16:3)

Trots att de inte höll tillbaka någonting när de konfronterade Mose, sa Mose ingenting tillbaka. Han föll bara ner på sitt ansikte inför Gud för att be och försökte få dem att inse deras eget fel och han bönföll Gud om att hålla dom. Då kom Guds vrede över Kora, Abiram och Datan och de som följde dem. Jorden öppnade sitt gap och uppslukade Kora, Datan och Abiram tillsammans med deras fruar, söner och barn och de for levande ner i dödsriket. Eld gick också ut från HERREN som förtärde de tvåhundrafemtio männen som hade burit fram rökelsen.

Mose hade inte gjort något för att skada folket (4 Mosebok 16:15). Han hade bara gjort sitt bästa i att leda folket. Han visade att Gud var med dem gång på gång genom de tecknen och undren. Han visade dem de tio plågorna i Egypten; han lät dem gå över Röda Havet på torr mark genom att dela det i två delar; han gav dem vatten från klippan och lät dem äta manna och vaktlar i öknen. Till och med då talade de illa om Mose och stod emot honom och hävdade att han lyfte upp sig själv.

Gud lät också folket se vilken stor synd det var att vara avundsjuk på Mose. Att döma och fördöma en människa som är kallad av Gud är detsamma som att döma och fördöma Gud själv. Därför får vi inte hänsynslöst kritisera församlingar eller organisationer som handlar i Herrens namn och säga att de har fel eller är villolärare. Eftersom vi alla är bröder och systrar i Gud är avundsjuka mellan oss en stor synd inför Gud.

Avundsjuka över sådant som är meningslöst

Kan vi få vad vi vill bara genom att vara avundsjuka? Inte alls! Vi kanske kan få andra in i svåra situationer och det kan se ut som att vi får ett försprång, men faktum är att vi inte kan få allt vi vill ha. Jakobs brev 4:2 säger, "Ni vill ha men får inget, ni dödar och är ivrare men kan inte vinna något. Ni kämpar och strider men har inget, därför att ni inte ber."

I stället för att vara avundsjuk, tänk på vad det står i Job 4:8, "Jag har sett att de som plöjer fördärv och sår olycka, de skördar sådant." Den ondska du gör kommer tillbaka till dig som en bumerang.

Som vedergällning för den ondska du sår, kan du möta katastrofer i din familj eller på din arbetsplats. Som Ordspråksboken 14:30 säger, "Sinnesro ger kroppen liv, avund är röta i benen" resulterar avundsjuka bara i skada som man orsakar sig själv, och därför är den fullständigt meningslös. Om du därför skulle vilja få försprång framför andra, måste du be till Gud som kontrollerar allt i stället för att slösa energi på avundsjuka i tankarna och handlingarna.

Du kan givetvis inte få allt du ber om. I Jakobs brev 4:3 står det, "Ni ber men får inget, därför att ni ber illa – för att slösa bort allt på njutningar." Om du ber om något för att slösa bort det på egna njutningar, kommer du inte kunna ta emot det eftersom det inte är Guds vilja. Men för det mesta ber människor om sådant som handlar om deras egna begär. De ber om rikedom, berömmelse och makt för sin egen del och stolthet. Detta gör mig väldigt ledsen när jag ser det i min tjänst. Sann och verklig välsignelse är inte rikedom, berömmelse och makt utan att det står väl till med ens själ.

Vad tjänar det till om du har mycket och njuter om du inte kan ta emot frälsning? Vad vi måste komma ihåg är att allt på denna jord kommer försvinna som en dimma. 1 Johannes brev 2:17 säger, "Och världen och dess begär förgår, men den som gör Guds vilja förblir i evighet" och Predikaren 12:8 säger, "Förgänglighet och åter förgänglighet! säger Predikaren. Allt är förgängligt!"

Jag hoppas att du inte ska bli avundsjuk på dina bröder och systrar och hålla fast vid denna världens meningslöshet utan ha ett hjärta som är rätt i Guds ögon. Då kommer Gud att svara på ditt hjärtas längtan och ger dig himlens eviga rike.

Avundsjuka och andlig längtan

Människor tror på Gud men blir ändå avundsjuka eftersom de har liten tro och kärlek. Om du saknar kärlek till Gud och har liten tro på himmelriket, kommer du kanske bli avundsjuk och vilja ha rikedom, berömmelse och makt i denna värld. Om du har den fulla tryggheten i Guds barns rättigheter och medborgarskapet i himlen, är bröder och systrar i Kristus mycket värdefullare än de i din världsliga familj. Det beror på att du har tro på att du kommer leva tillsammans med dem för evigt i himlen.

Även otroende som inte har accepterar Jesus Kristus är dyrbara och de är de som vi borde leda till himmelriket. När vi kultiverar sann kärlek i oss med denna tro, kommer vi börja älska vår nästa som oss själva. När det då går bra för andra kommer vi vara lika lyckliga som om det var oss det gick bra för. De som har sann tro kommer inte att söka efter meningslösa ting i denna värld, utan försöka vara ihärdiga i att göra Herrens gärningar för att kunna rycka till sig himmelriket med våld. De kommer med andra ord att ha andlig längtan.

Och från Johannes döparen dagar intill denna stund tränger himmelriket fram med storm, och människor storma fram och rycka det till sig (Matteus 11:12, Svenska 1917 års översättning).

Andlig längtan är helt olik avundsjuka. Det är viktigt att längta efter att vara entusiastisk och trofast i verket för Herren. Men om den passionen går över gränsen och rör sig bort från sanningen eller om det får andra att snubbla, är det inte acceptabelt. Medan vi gör vårt bästa i vårt arbete för Herren måste vi också vara vaksamma över människors behov runt omkring oss, söka deras bästa och bevara friden med alla.

4. Kärleken skryter inte

Det finns människor som alltid skryter om sig själva. De bryr sig inte om hur andra kan känna sig när de skryter. De vill bara stoltsera med vad de har medan de söker erkännande från andra. Josef skröt om sin dröm när han var en ung pojke. Det gjorde att hans bröder hatade honom. Eftersom han var speciellt älskad av sin far förstod han inte riktigt sina bröders hjärtan. Senare såldes han som slav till Egypten och gick gå igenom många prövningar för att till slut kultivera andlig kärlek. Innan människor kultiverar andlig kärlek kanske de stör friden genom att stoltsera och upphöja sig själva. Därför säger Gud, "Kärleken skryter inte."

Enkelt sagt, att skryta är att avslöja och visa upp sig själv. Vanligtvis vill man bli erkänd för något man har gjort eller att man har något som är bättre än andra. Vad blir resultatet av sådant skrytande?

Om några föräldrar är uppblåsta och skryter om sitt barn som det går bra för i skolan, då kanske det finns de som gläder sig med dem, men de flesta upplever att deras egen stolthet blir sårad och de blir upprörda. De kanske till och med skäller ut sitt eget barn trots att det inte har gjort något fel. Oavsett hur duktigt ditt barn är i skolan kommer du inte att skryta om ditt barn på det här viset, om du åtminstone har lite godhet i hjärtat så att du tänker på andras känslor. Du kommer också vilja att det går bra för din grannes barn, och om det går bra, så ger du goda komplimanger om barnet.

De som skryter tenderar också att vara mindre villiga att erkänna att andra gör bra och berömma dem för det. På ett eller annat sätt tenderar de att degradera andra eftersom de tycker att det som de själva har gjort inte har uppmärksammats jämfört med de som blir erkända. Men detta är bara ett sätt som skryt orsakar problem. Någon som handlar så här har ett skrytsamt hjärta som är långt borta från sanningen. Du kanske tänker att om du stoltserar med vad du har gjort kommer du att bli erkänd, men det gör bara det svårare för dig att ta emot uppriktig respekt och kärlek. Istället kommer människor runt omkring dig att vara avundsjuka, och det kommer att dra till sig bespottelse och svartsjuka. "Men nu skryter ni och är självsäkra. Allt sådant skryt är av ondo" (Jakobs brev 4:16).

Högmod över livets goda kommer från kärleken till världen

Varför skryter människor om sig själva? Det beror på att de har en högmodig inställning till livet inom sig. Högmod eller stolthet över livet handlar om att man "stoltserar över att man har allt som krävs för att njuta av denna värld." Detta härstammar från kärleken till världen. Människor skryter vanligtvis om sådant de anser vara viktigt. De som älskar pengar kommer att skryta om pengarna de har, och de som anser att yttre skönhet än viktigt kommer att skryta om det. Det betyder att de sätter pengar, det yttre, berömmelse eller social makt högre än Gud.

En av medlemmarna i vår församling hade ett framgångsrikt företag och sålde datorer till företag i Korea. Han ville utvidga sin verksamhet. Han tog flera olika lån och investerade i ett franchiseföretag inom internetcafé samt tv-sändningar på internet. Han hade ett startkapital på två miljoner won, vilket motsvarar cirka två miljoner amerikanska dollar.

Men vinsten dröjde och förlusterna blev större och större tills företaget till slut gick i konkurs. Han hus såldes på auktion och skuldindrivarna var efter honom. Han var tvungen att flytta runt i små hus och bo antingen i källaren eller på vinden. Då började han se tillbaka på sitt liv. Han insåg att han hade haft begär efter att skryta om sin framgång och att han var girig på pengar. Han insåg att han hade ställt till med besvär för människor runt omkring sig när han utvidgade sin verksamhet trots att han inte hade kapacitet för det.

När han genomgående omvände sig inför Gud av hela sitt hjärta och gjorde sig av med sin girighet, blev han lycklig trots att han hade ett jobb där han städade avlopp och septiktankar. Gud såg till hans situation och visade honom ett sätt att starta ett nytt företag på. Nu vandrar han rättfärdigt inför Gud hela tiden och hans företag har framgång.

1 Johannes brev 2:15-16 säger, "Älska inte världen, inte heller det som är i världen. Om någon älskar världen, finns inte Faderns kärlek i honom. Ty allt som finns i världen, köttets begär och ögonens begär och högmod över livets goda, det kommer inte från Fadern utan från världen."

Sydlandet Judas trettonde kung Hiskia vandrade upprätt inför Gud och han utförde en rening av templet. Han besegrade Assyriens invasion genom bön och när han blev sjuk bad han under tårar och fick ytterligare 15 år att leva. Men trots det hade han högmod över livets goda inom sig. När han återhämtat sig från sin sjukdom sände Babylon sina diplomater.

Hiskia var så glad över att ta emot dem att han visade dem alla sina rikedomar, silvret och guldet och kryddorna och den dyrbara oljan och hela hans armé och allt som fanns i hans förrådshus. På grund av hans skryt blev sydlandet Juda invaderat av Babylon och alla hans rikedomar blev stulna (Jesaja 39:1-6). Skryt kommer från ett hjärta som älskar världen, vilket betyder att personen inte har kärlek till Gud. För att kunna kultivera sann kärlek måste man göra sig av med högmod över livets goda från sitt hjärta.

Berömma sig av Herren

Det finns ett slags skryt, eller att berömma sig av något, som faktiskt är bra. Det är att berömma sig av Herren som det står i 2 Korinterbrevet 10:17, "Den som berömmer sig skall berömma sig av Herren." Att berömma sig av Herren är att ge Gud äran, och ju mer desto bättre. Ett gott exempel på det är "vittnesbörd."

Paulus säger i Galaterbrevet 6:14, "För min del vill jag aldrig berömma mig av något annat än vår Herre Jesu Kristi kors, genom vilket världen är korsfäst för mig och jag för världen."

Som han sa så berömmer vi oss av Jesus Kristus som har frälst oss och gett oss himmelriket. Vi var bestämda till evig död på grund av våra synder men tack vare Jesus som betalade för våra synder på korset, fick vi evigt liv. Vi måste verkligen vara tacksamma!

Därför skröt aposteln Palus om sin svaghet. I 2 Korinterbrevet 12:9 står det, "men han [Herren] svarade mig: 'Min nåd är nog för dig, ty kraften fullkomnas i svaghet' Därför vill jag hellre berömma mig av min svaghet, för att Kristi kraft skall vila över mig."

Paulus utförde faktiskt så många tecken och under och folk tog med sig näsdukar och tyg som hade varit i kontakt med honom till de sjuka och de blev botade. Han åkte på tre missionsresor och ledde så många människor till Herren och planterade församlingar i så många städer. Men han sade att det inte var han som gjorde allt detta. Han berömde sig över att det endast var Guds nåd och Herrens kraft som hade låtit honom göra det som han hade gjort.

Nu för tiden vittnar många människor om att de har mött och erfarit den levande Guden i deras vardagsliv. De förmedlar Guds kärlek och berättar att de har blivit botade från sjukdomar, välsignade i ekonomin och att de har fått frid i familjen när de har uppriktigt sökte Gud och gjorde kärleksgärningar för Honom.

Som det står i Ordspråksboken 8:17, "Jag älskar dem som älskar mig, och de som söker mig, de finner mig" är de tacksamma för att de har upplevt Guds stora kärlek och kommit in i stor tro, vilket betyder att de har tagit emot andliga välsignelser. Att berömma sig på det sättet i Herren ger ära till Gud och planterar tro och liv i andras hjärtan. När man gör så samlar man belöningar i himlen och det som ens hjärtan längtar efter kommer att besvaras snabbare.

Men vi måste vara vaksamma när det gäller en sak på det här området. Somliga säger att de ger äran till Gud men istället försöker de dra uppmärksamheten till sig själva eller på vad de har gjort. De antyder indirekt att de kunde ta emot välsignelser på grund av deras egen kraft. Det verkar som om de ger äran till Gud men i själva verket tar de åt sig all ära själv. Satan kommer att anklaga sådana människor. Resultatet av att de har skrutit om sig själva kommer så småningom att bli avslöjat; de kan möta olika slags prövningar och tester, eller om ingen uppmärksammar dem kanske de helt sonika lämnar Gud.

Romarbrevet 15:2 säger, "Var och en av oss skall tjäna sin nästa, till hans bästa och hans uppbyggelse." Som det står behöver vi alltid tala ord som bygger upp och planterar tro och liv i vår nästa. Precis som vatten renas när det passerar genom filtret, borde vi ha ett filter för våra ord innan vi uttalar dem, och fundera på om våra ord kommer att uppmuntra eller såra den som lyssnar.

Att göra sig av med högmod över livets goda

Även om man har mycket att skryta över finns det ändå ingen som lever för evigt. Efter livet på jorden kommer man antingen att komma till himlen eller till helvetet. I himlen är till och med vägarna som man går på gjorda av guld och överflödet kan inte jämföras med det som finns i denna värld. Det betyder att det är så meningslöst att skryta över denna värld. Och om man har varit så rik, berömd, fylld av kunskap och makt, kan man skryta över det om man hamnar i helvetet?

Jesus sade, "Ty vad hjälper det en människa, om hon vinner hela världen men tar skada till sin själ? Eller vad kan en människa ge i utbyte mot sin själ? Ty människosonen skall komma i sin Faders härlighet med sina änglar, och då skall han löna var och en efter hans gärningar" (Matteus 16:26-27).

Att skryta över något i denna värld kan aldrig ge evigt liv eller tillfredsställelse. Istället förökar det längtan efter meningslösa ting och leder oss till förgörelsen. Om vi inser att det är så och fyller vårt hjärta med hopp om himlen kommer vi att få styrka att göra oss av med högmodet över livets goda. Det liknar situationen med ett barn som lätt kan kasta bort sin gamla värdelösa leksak när han får en ny leksak. Eftersom vi vet hur bländande vackert det är i himmelriket ska vi inte hålla fast vid eller kämpa för att få det som hör till denna värld.

När vi gjort oss av med högmodet över livets goda kommer vi enbart att berömma oss av Jesus Kristus. Vi kommer inte känna att det finns något värt att berömma sig av i denna värld, utan istället känna oss stolta över den härlighet vi kommer att glädja oss av i evighet i himmelriket. Då kommer vi bli fyllda med en glädje som vi aldrig har upplevt förut. Även om vi kanske möter svåra stunder i vår livsvandring kommer vi inte tycka att de är så svåra ändå. Vi kommer enbart vara tacksamma för den kärlek Gud har som har gett oss sin enfödde Son för att frälsa oss, och därför kommer vi alltid i alla omständigheter vara fyllda av glädje. Om vi inte är högmodiga över livets goda kommer beröm inte göra oss särskilt upprymda och tillsägelse kommer inte göra oss modfällda. Vi kommer ödmjukt att rannsaka oss själva mer när vi får beröm och endast vara tacksamma när vi blir tillsagda och försöka förändra oss mer.

5. Kärleken är inte uppblåst

De som skryter om sig själva känner ofta att de är bättre än andra och blir uppblåsta. Om det går väl för dem tror de att det beror på att de har gjort ett gott jobb och blir malliga eller lata. Bibeln säger att uppblåsthet är något av det onda som Gud hatar allra mest. Det var också den största orsaken till att folket byggde Babels torn, för att tävla med Gud, och det var en händelse som gjorde att Gud gjorde olika språk för att separera dem.

Kännetecken på uppblåsta personer

En uppblåst person tycker inte att andra är bättre än han själv utan föraktar eller nedvärderar andra. Han känner sig överställd andra i alla aspekter. Han anser att han själv är bäst. Han föraktar och ser ner på andra och tycker han har något att lära ut på alla områden. Det är lätt för honom att ha en arrogant attityd mot dem som verkar lägre än honom. Ibland kan han, i sin stora uppblåsthet, till och med se ner på dem som har gett honom kunskap och väglett honom och som har en position som är högre än hans i företaget eller i den sociala hierarkin. Han är inte villig att lyssna på råd, korrigering och förklaringar som de som är äldre än honom ger. Han tänker då klagande, "Han är äldre, men han säger bara detta för att han inte har en aning om vad det egentligen handlar om" eller säga "Jag vet allt och jag kan göra det själv."

En uppblåst person orsakar många diskussioner och bråk med andra. Ordspråksboken 13:10 säger, "Övermod vållar bara kiv, vishet äger dem som tar emot råd."

    2 Timoteusbrevet 2:23 säger oss, "Avvisa dumma och meningslösa dispyter. Du vet att de föder strider." Det är därför det är så dåraktigt och fel att tycka att man själv har rätt.

    Alla har olika samveten och olika kunskap. Det beror på att var och en har sett och hört olika saker, varit med om och blivit lärd olika saker. Men mycket av ens kunskap är felaktig, och en del av kunskapen har blivit lagrad på fel sätt. Om den kunskapen härdats inom oss under lång tid formas självrättfärdighet och ramverk. Självrättfärdighet är att insistera på att endast ens egna åsikter är rätta, och när det härdas blir det ens ramverk, sättet att tänka. Somliga formar sina ramverk utifrån deras personlighet eller den kunskap de har.

    Tankarnas ramverk är som skelettet i människokroppen. Det visar formen och när det väl är skapat, är det svårt att bryta. De flesta människors tankar kommer utifrån självrättfärdighet och ramverk. En person som har mindervärdighetskomplex reagerar väldigt känsligt om någon anklagar honom för något. Eller som det koreanska ordspråket säger, "Om en rik person justerar sina kläder tror folk att han skryter och vill visa upp dem." Om någon använder svåra och sofistikerade ord tror folk att han vill visa upp sin kunskap och att han ser ner på dem.

    Min grundskollärare lärde mig att Frihetsgudinnan stod i San Francisco. Jag kommer tydligt ihåg hur hon visade mig med bilden och kartan på Förenta Staterna. I början på 90-talet åkte jag till USA för att leda ett ekumeniskt väckelsemöte. Det var då jag fick veta att Frihetsgudinnan i själva verket stod i New York.

    För mig skulle statyn vara i San Francisco, så jag förstod inte varför den var i New York. Jag frågade människor runt omkring mig och de sa att den faktiskt stod i New York. Jag förstod då att den kunskapsbiten jag hade hållit för sant i själva verket inte var korrekt. Då insåg jag att andra saker som jag trodde att jag visste var rätt kanske också var fel. Många människor tror och insisterar på saker som inte är korrekta.

Det finns de som är så arroganta att de inte erkänner att de har fel, även om de har fel, utan håller fast vid sin uppfattning, och detta leder till bråk. Men de som är ödmjuka kommer inte att bråka även om den andra personen har fel. Även fast de vet att de har 100 % rätt tänker de att de kanske ändå har fel, för de har inga intentioner på att försöka vinna en argumentation mot någon.

Ett ödmjukt hjärta har andlig kärlek som ser till andras bästa. Även om andra är mindre lyckosamma, har lägre utbildning eller mindre social makt borde vi med ett ödmjukt sinne utifrån vårt hjärta anse att andra är bättre än oss själva. Vi borde se alla själar som oerhört dyrbara för de var värdiga att Jesus utgöt sitt blod för dem.

Köttslig uppblåsthet och andlig uppblåsthet

Om någon uppvisar yttre handlingar som är osanna, att man skryter över sig själv, visar upp vad man tycker att man har och ser ner på andra, går det snabbt att förstå att det är uppblåsthet. När vi accepterar Herren och lär känna sanningen kommer det bli lätt att göra sig av med dessa attribut för köttslig uppblåsthet. Men det är inte lika lätt att se och göra sig av med andlig uppblåsthet. Vad är då andlig uppblåsthet?

När du har gått till kyrkan under en lång period har du fått mycket kunskap i Guds ord. Du kanske också får någon titel och position i kyrkan eller blir vald till ledare. Då kanske du känner att du har kultiverat en mycket stor kunskap i Guds Ord i ditt hjärta och du tänker "Jag har uppnått så mycket. Jag har nog rätt i det mesta!" Du kanske tillrättavisar, dömer och fördömer andra med Guds Ord som du har lagrat som kunskap och tycker att du enbart har sett vad som var rätt och fel enligt sanningen. Somliga ledare i församlingen strävar efter sin egen vinning och bryter regler och ordningar som de förväntas hålla. De överträder ordningarna i församlingen med sina handlingar men tänker "För mig är det tillåtet eftersom jag har den här positionen. Jag är ett undantag." Sådan upphöjelse är andlig uppblåsthet.

Om vi bekänner vår kärlek för Gud och sedan ignorerar Guds lag och ordning med ett självupphöjt hjärta är den bekännelsen inte sann. Om vi dömer och fördömer andra går det inte att säga att vi har sann kärlek. Sanningen lär oss att bara se på, lyssna på och tala om goda ting.

Förtala inte varandra, bröder. Den som förtalar sin broder eller dömer sin broder förtalar och dömer lagen. Men om du dömer lagen är du inte lagens görare utan dess domare (Jakobs brev 4:11).

Hur känner du när du lägger märke andra människors svagheter?
Jack Kornfield skriver i sin bok The Art of Forgiveness, Lovingkindness, and Peace [Konsten att förlåta, älska och bevara friden, fritt översatt till svenska, övers. anm.] om ett annorlunda sätt att hantera felaktiga handlingar.

"När en person i Babembastammen i Sydafrika gör något oansvarigt eller orättvist placeras han mitt i byn, ensam och obunden. Allt arbete upphör och varje man, kvinna och barn i byn samlas i en stor cirkel runt den anklagade. Sedan talar varje person i stammen till den anklagade, en åt gången, om goda ting som personen har gjort i sitt liv. Varje händelse, varje erfarenhet som kan återges i detalj och sanningsenligt räknas upp. Alla hans positiva karaktärsdrag, goda gärningar, styrkor och vänlighet återges noggrant och fullständigt. Denna ceremoni tar ofta flera dagar. Mot slutet bryts stamcirkeln och en glädjefylld fest hålls, och personen välkomnas både symboliskt och bokstavligen tillbaka till stammen."

Genom denna process får de som gjort fel tillbaka sin självkänsla och kan besluta sig för att ta sitt ansvar i stammen. Tack vare en sådan unik rättegång är det väldigt sällsynt med brott i deras samhälle.

När vi ser andras fel behöver vi vara uppmärksamma på oss själva om vi dömer och fördömer dem först eller om vårt hjärta med barmhärtighet och medlidande kommer först. Med denna måttstock kan vi utreda hur mycket vi har kultiverat mänsklighet och kärlek. Vi borde inte vara tillfredsställda med vad vi redan har uppnått för att vi har varit troende under lång tid utan istället att hela tiden rannsaka oss själva.

Innan man blir helgad helt och hållet har alla av naturen sådant som behövs för att uppblåstheten ska växa. Därför är det väldigt viktigt att dra upp dessa rötter från den mänskliga naturen. Om vi inte drar upp rötterna fullständigt genom uthållig bön kommer det att kunna komma upp närsomhelst igen. Det är precis som när man drar upp ogräs. Om man inte gör ett grundligt arbete kommer det upp igen. Och eftersom den syndfulla naturen inte försvunnit helt från hjärtat kommer uppblåstheten upp i sinnet igen trots att man har levt i tro under en lång tid. Därför borde vi alltid ödmjuka oss själva som barn inför Herren, anse att andra är bättre än oss själva och fortsätta vår strävan att kultivera andlig kärlek.

Uppblåsta människor tror på sig själva

Det stora Babylons gyllene tidsålder startade med Nebukadnessar. Ett av de sju antika underverken, de hängande trädgårdarna, gjordes på hans tid. Han var stolt över att allt i hela hans rike hade utförts genom hans stora makt. Han lät uppföra en staty av sig själv och befallde folket att tillbe den. Daniel 4:27 säger, "tog han [kungen] till orda och sade: Se detta är det stora Babel som jag har byggt upp till ett kungavälde genom min krafts styrka, min härlighet till ära!"

Till slut lät Gud honom förstå vem som är den verkligen härskaren över världen (Daniel 4:28-29). Han drevs ut ur palatset, åt gräs som oxen och levde som ett vilddjur i ödemarken under sju år. Vad hade han för nytta av sin tron då? Vi kan inte vinna någonting om inte Gud tillåter det. Nebukadnessar återvände till ett normalt sinnestillstånd efter sju år. Han insåg hur uppblåst han hade varit och erkände Gud. I Daniel 4:34 står det, "Nu prisar, upphöjer och ärar jag, Nebukadnessar, himmelens Konung, ty alla hans gärningar är sanning och hans vägar rätta, och han kan ödmjuka dem som vandrar i högmod."

Det här handlar inte bara om Nebukadnessar. En del otroende i världen säger "Jag tror på mig själv." Men det är inte lätt för dem att övervinna världen. Det finns många problem i världen som inte kan lösas med mänsklig förmåga. Även den noblaste och skarpaste vetenskapliga kunskapen och teknologin är värdelös när den ställs inför naturkatastrofer som tyfoner och jordbävningar och andra oväntade katastrofer.

Och hur många slags sjukdomar är det som kan botas med modern medicin? Ändå förlitar många människor hellre på sig själva än på Gud när de möter olika problem. De förlitar sig på sina tankar, erfarenheter och kunskap. Men när det inte går så bra för dem och de möter problem så klagar de mot Gud trots att de hävdar att de inte tror på Honom. Det beror på att det finns uppblåsthet i deras hjärtan. På grund av denna uppblåsthet erkänner de inte sin svaghet och misslyckas att ödmjukt erkänna Gud.

Vad som är ännu sorgligare är att en del som tror på Gud förlitar sig på världen och sig själva hellre än Gud. Gud vill att Hans barn ska ha framgång och leva i Hans hjälp. Men om du inte är villig att ödmjuka sig inför Honom på grund av uppblåsthet kan Han inte hjälpa dig. Då kan du inte bli beskyddad från fienden djävulen eller ha framgång på dina vägar. Precis som Gud säger i Ordspråksboken 18:12, "Hjärtats högmod går före fall, ödmjukhet föregår ära" att det som orsakar ens misslyckanden och det som förstör ens liv inte är något annat än ens uppblåsthet.

Gud anser att den som är uppblåst är dåraktig. Jämfört med Gud som gör himlen till sin tron och jorden till fotapall – hur liten är då inte människans närvaro? Alla människor har skapats till Guds avbild och vi är alla jämlika som Guds barn, oavsett hög eller låg position. Oavsett hur mycket vi kan skryta om i denna värld är ändå livet här bara ett ögonblick. När detta korta liv tar slut kommer var och en att bli dömd inför Gud. Och vi kommer bli upphöjda i himlen efter hur mycket vi har vandrat i ödmjukhet på denna jord. Det är för att Herren kommer att lyfta upp oss som det står i Jakobs brev 4:10, "Ödmjuka er alltså inför Herren, så skall han upphöja er."

Om vattnet stannar i en liten vattenpöl kommer det stagnera, bli smutsigt och fyllt av maskar. Men om vattnet outtröttligt fortsätter nerför kommer det till slut att nå havet och ge liv till mycket levande. Låt oss på samma sätt ödmjuka oss själva så att vi blir stora i Guds ögon.

Den andliga kärlekens kännetecken I

1. Den är tålig
2. Den är mild
3. Den avundas inte
4. Den skryter inte
5. Den är inte uppblåst

6. Kärleken uppför sig inte illa

"Uppförande" eller "etikett" är det sociala korrekta sättet att handla och det handlar om hur man uppför sig gentemot andra. Det finns många variationer på kulturella etiketter som till exempel i vårt dagliga tal, när vi äter och hur man uppför sig på offentliga platser som teatrar.

Ett korrekt uppförande är en viktig del av våra liv. Socialt accepterat uppförande för varje specifik plats och tillfälle skapar vanligtvis gynnsamma förhållanden gentemot andra. Och om vi inte uppför oss ordentligt och ignorerar grundläggande etiketter kommer det å andra sidan orsaka obehag hos människor runt omkring oss. Om vi säger att vi älskar någon men beter oss illa mot honom kommer det vara svårt för honom att tro att vi faktiskt älskar honom.

Den engelska ordboken The Merriam-Webster's Online Dictionary beskriver "illa" som "inte överensstämmande med den standard som är tillrådlig för ens position eller livssituation" [engelska ordet "unbecoming" – fritt översatt till svenska, övers. anm.]. Det finns också många olika kulturella etiketter i vårt vardagsliv som hur man hälsar på varandra och för ett samtal. Till vår förvåning är det många människor som inte är medvetna om att de uppför sig illa ens efter att de har handlat elakt. Det är oftast lättare att uppföra sig illa mot de som står en nära. Det beror på att när vi känner oss bekväma med någon tenderar vi att handla oförskämt eller utan korrekt etikett.

Men om vi har sann kärlek uppför vi oss aldrig illa. Tänk dig att du har en väldigt dyrbar och vacker juvel. Skulle du då hantera den oförsiktigt? Du skulle vara mycket försiktig och varsam i din hantering så att den inte går sönder eller tappas bort. Om du på samma sätt verkligen älskar någon, hur försiktigt skulle du behandla honom då?

Det finns två slags illa uppföranden: oförskämdhet mot Gud och oförskämdhet mot människor.

Uppföra sig illa mot Gud

Till och med hos många dem som tror på Gud och säger att de älskar Honom kan vi se genom deras handlingar och ord att de är långt ifrån att älska Gud. Att till exempel somna till under mötet är ett av det oförskämdaste man kan göra inför Gud.

Att somna på gudstjänsten är samma sak som att somna i Guds närvaro. Det skulle vara väldigt oförskämt att somna framför ett lands president eller chefen på ett företag. Hur mycket värre är det så inte att somna inför Gud? Det är verkligen tvivelaktigt att du kommer fortsätta hävda att du fortfarande älskar Gud. Eller tänk dig att du träffar den som du älskar och du hela tiden somnar. Kan man då säga att du verkligen älskar den personen?

Att föra ett privat samtal med någon bredvid dig under gudstjänsten eller om du dagdrömmer, är också oförskämt. Ett sådant uppförande är en signal på att den tillbedjaren saknar respekt och kärlek till Gud.

Sådant uppförande påverkar också predikanten. Tänk dig att en troende talar med någon bredvid honom, har lata tankar eller somnar till. Då kan predikanten undra om budskapet inte är tillräckligt bra. Han kan förlora den helige Andes inspiration, så att han inte längre predikar i Andens fullhet. Sådant uppförande kommer också leda till påverkan på andra tillbedjares liv.

Det är även oförskämt att lämna kyrksalen mitt under mötet. Det finns naturligtvis frivilliga som behöver gå ut och göra sina uppgifter under mötet. Men förutom några speciella fall är det oförskämt att lämna mötet innan det är helt färdigt. En del tänker "vi kan stanna tills predikan är färdig" och sedan gå innan mötet är slut, men det är oförskämt.

Gudstjänsten idag kan jämföras med brännoffret på Gamla Testamentets tid. När de offrade brännoffer delade de djuren i stycken och brände sedan alla delarna (3 Mosebok 1:9).

För oss idag betyder det att vi måste offra ett ordentligt och helt möte från början till slut efter ett visst sätt, efter formalia och planer. Vi måste följa varje ordning i mötet med hela vårt hjärta, från en stilla bön i början tills vi avslutar med välsignelsen eller Herrens bön. När vi sjunger lovsånger eller ber och även under kollekten och pålysningarna, måste vi ge vår fulla uppmärksamhet. Även andra möten som inte hör till kyrkans regelbundna veckoprogram som möten, bönemöten, lovsångsgudstjänster och cellgruppsmöten ska vi gå till med hela vårt hjärta.

Vi ska tillbe Gud av hela vårt hjärta. Det gör vi först och

främst genom att inte komma för sent till mötet. Det är inte passande att komma försent till fastställda möten med andra människor, så varför skulle det inte vara opassande att komma försent till ett möte med Gud? Gud väntar alltid på mötesplatsen för att acceptera vår tillbedjan.

Därför ska vi inte bara komma just när mötet börjar. Det är tillbörligt att komma tidigare och be i omvändelse och förbereda sig för mötet. Att använda mobiltelefon och låta unga barn springa runt och leka under mötet är också att uppföra sig illa. Även att tugga tuggummi eller äta mat under mötet tillhör kategorin att uppföra sig illa.

Hur du ser ut på mötet är också viktigt. Det är inte passande att komma till kyrkan i vardagskläder eller kläder som är tänkta att användas på arbetet. Vi använder vårt yttre för att uttrycka vår respekt och vördnad för andra personer. Guds barn som verkligen tror på Gud vet hur dyrbar Han är. Så när de kommer för att tillbe Honom, har de på sig det renaste de har.

Det kan naturligtvis finnas undantag. Till onsdagsmötet eller fredagens bönenatt är det många som kommer direkt från sina arbeten. När de skyndar sig för att komma i tid kanske de måste komma i sina arbetskläder. I sådana fall tycker inte Gud att de är oförskämda utan är istället glad eftersom Han tar emot väldoften från deras hjärtan i att de gör sitt bästa för att komma i tid till mötet trots att de är upptagna med sina arbeten.

Gud vill ha en kärleksfull gemenskap med oss genom gudstjänsterna och bönerna. Detta är uppgifter som Guds barn måste göra. Särskilt bönen som är en konversation med Gud. Ibland händer det att kanske någon knackar en annan på axel medan de ber för att stoppa deras bön på grund av en nödsituation.

Det är samma sak som att avbryta några som talar med äldre. Om du öppnar dina ögon när du ber och slutar att be för att någon har kallat på dig, är det också att uppföra sig illa. I ett sådant fall ska du först avsluta bönen och sedan gensvara på den som kallat på dig.

Om vi offrar vår tillbedjan och böner i ande och sanning ger Gud oss välsignelser och belöningar tillbaka. Han svarar snabbare på våra böner. Det är för att Han tar emot väldoften från våra hjärtan med glädje. Men om vi har uppfört oss illa under ett år, två år och så vidare, kommer skapas en syndamur mot Gud. Mellan en man och hustru eller mellan föräldrar och barn uppstår mycket problem om relationen fortsätter utan kärlek. Det är på samma sätt med Gud. Om vi har byggt upp en mur mellan oss och Gud kan vi inte bli beskyddade från sjukdomar och olyckor, och vi kanske får möta olika problem. Vi kanske inte tar emot svar på våra böner ens om vi har bett under lång tid. Men om vi har en god attityd i lovsången och bönen kan vi lösa många sorters problem.

Kyrkan är Guds heliga hus

Kyrkan är en plats där Gud bor. I Psaltaren 11:4 står det, "HERREN är i sitt heliga tempel, HERRENS tron är i himlen."

På Gamla Testamentets tid kunde inte vem som helst gå in i det heliga. Bara prästerna kunde gå in där. In i det allra heligaste, förbi det heliga, kunde endast översteprästen gå, och endast en gång per år. Men genom vår Herres nåd kan vem som helst idag komma in i helgedomen och tillbe Honom. Det beror på att Jesus har renat oss från våra synder med sitt blod, som det står i Hebreerbrevet 10:19, "Bröder, i kraft av Jesu blod kan vi nu frimodigt gå in i det allra heligaste."

Helgedomen betyder inte bara den plats där vi tillber. Det är varje område inom gränserna för kyrkan, även gården och alla faciliteteter. Därför behöver vi vara försiktiga med minsta lilla ord och handling när vi är i kyrkan. Vi får inte bli arga eller bråka, tala om världsliga nöjen eller företag i helgedomen. Det är som att handskas ovarsamt med Guds heliga ting i en kyrka eller att göra sönder eller kasta bort heliga ting.

Särskilt sådant som att köpa och sälja i kyrkan är inte acceptabelt. Med utvecklingen av Internetshopping händer det att somliga betalar för vad de köper på internet i kyrkan och tar emot saken i kyrkan. Detta är helt klart en affärsuppgörelse. Vi måste komma ihåg att Jesus kastade omkull pengaväxlarnas bord och drev bort dem som sålde offerdjur. Jesus accepterade inte ens att djuren som var tänkta till offer såldes i templet. Därför får vi inte köpa och sälja någonting i kyrkan för privata ändamål. Det är samma sak med att ha en loppmarknad på kyrkans gård.

Alla platser i kyrkan ska vara avskilda för att tillbe Gud och för gemenskap med syskon i Herren. När vi ber och ofta har möten i kyrkan måste vi se upp så att vi inte blir okänsliga för kyrkans helighet. Om vi älskar kyrkan ska vi inte uppföra oss illa där, som det står i Psaltaren 84:11, "En dag i dina gårdar är bättre än tusen andra. Jag vill hellre vakta dörren i min Guds hus än att vistas i de ogudaktigas boningar."

Att uppföra sig illa mot människor

Bibeln säger att den som inte älskar sin broder kan inte heller älska Gud. Om vi uppför oss illa mot andra människor som vi ser, hur kan vi då högakta Gud som vi inte ser?

"Om någon säger att han älskar Gud och hatar sin broder, så är han en lögnare. Ty den som inte älskar sin broder som han har sett, kan inte älska Gud som han inte har sett" (1 Johannes brev 4:20).

Låt oss titta på en del handlingar som är att uppföra sig illa i våra dagliga liv, som vi lätt misslyckas med att lägga märke till. Om vi ser till vår egen vinning utan att tänka på andra händer det ofta att vi är oförskämda på något sätt. Om man till exempel talar i telefonen finns det en viss etikett att följa. Det är inte bra att ringer sent på kvällen eller natten eller tala väldigt länge med en person som är upptagen eftersom det kan skada honom. Att komma försent till fastställda möten, att komma på oanmält besök eller oväntat till någon är ohövligt.

Man kanske tänker "men vi står varandra nära, är det inte att vara för formell att tänka på allt sådant mellan oss?." Ni kanske har en god relation och du tycker att du förstår allt om den andra personen. Men det är fortfarande svårt att förstå någon annans hjärta till 100 %. Vi kanske tycker att vi uttrycker vår vänskap till den andra personen, men han kanske tar det på ett annat sätt. Därför behöver vi se det utifrån den andres synvinkel. Vi borde särskilt passa oss för att vara ohövliga mot någon som står oss nära och känner sig bekväm med oss.

Många gånger kanske vi talar oaktsamt eller handlar oförskämt och sårar andra människors känslor som står oss nära. Vi är oförskämda mot familjemedlemmar eller väldigt nära vänner, och till slut blir relationen ansträngd och dålig. Även vissa äldre behandlar yngre eller de i lägre positioner på ett oförskämt sätt. De talar utan respekt eller har en befallande attityd som får andra att känna sig illa till mods.

Men idag är det svårt att finna människor som helhjärtat tjänar sina föräldrar, lärare och äldre människor, personer vi alltid borde ta hand om. Somliga säger att världen har förändrats, men det finns vissa saker som aldrig förändras. 3 Mosebok 19:32 säger, "För ett grått huvud skall du resa dig upp, och den gamle skall du ära. Du skall frukta din Gud. Jag är HERREN."

Guds vilja för oss är att vi ska göra hela vår uppgift även mitt ibland människor. Guds barn ska också hålla lagen och ordningarna i denna värld och inte uppföra sig illa. Om vi till exempel orsakar kaos på en offentlig plats, spottar på gatan eller överträder trafikregler är det att uppföra sig illa mot människor. Vi är kristna som borde vara salt och ljus i världen och därför behöver vi vara väldigt aktsamma med våra ord, handlingar och uppförande.

Kärlekens lag är den yttersta standarden

De flesta människor spenderar det mesta av sin tid med andra människor. Man möter varandra och samtalar, äter och arbetar tillsammans. I allt detta finns det många kulturella etiketter som behöver följas. Men alla har olika lång utbildning och kulturen skiljer sig åt från land till land och mellan folkgrupper. Vilken standard ska vi då följa i vårt uppförande?

Den standarden är kärlekens lag som ska finnas i våra hjärtan. Kärlekens lag är Guds lag, Gud som är kärleken själv. Efter hur mycket vi präntar in Guds lag i våra hjärtan och praktiserar det, kommer vi ha en attityd som är som Herrens och inte uppföra oss illa. Ett annat ord för kärlekens lag är "hänsyn."

En man gick vägen fram en mörk natt med en lampa i sin hand. En annan man gick i motsatt riktning och när han såg mannen med lampan lade han märke till att han var blind. Då han frågade varför mannen bar på en lampa när han ändå inte kunde se. Mannen svarade, "så att du inte skulle gå in i mig. Denna lampa är för dig." Vi kan lära oss lite om hänsyn från denna berättelse.

Att ta hänsyn till andra kan verka trivialt, men det har inneboende makt att beröra människors hjärtan. När man uppför sig illa tar man inte hänsyn till andra och det betyder att man saknar kärlek. Om vi verkligen älskar andra kommer vi alltid ta hänsyn till dem och inte uppföra oss illa.

Inom jordbruket är det så att om man rensar undan för mycket av sämre frukt från frukten som produceras kommer frukterna som växer att suga åt sig all tillgänglig näring vilket gör deras skal tjockt och smaken blir inte så god heller. Om vi inte tar hänsyn till andra kan det verka som om vi under en tid får njuta av allt som är tillgängligt, men det kommer att leda till att vi blir smaklösa och tjockhudade människor, precis som frukterna som fått för mycket näring.

Därför ska vi tjäna alla med samma respekt som vi tjänar Herren, precis som Kolosserbrevet 3:23 säger, "Vad ni än gör, gör det av hjärtat, så som ni tjänar Herren och inte människor."

7. Kärleken söker inte sitt

I denna moderna värld är det inte svårt att finna själviskhet. Människor söker sitt eget och inte allas bästa. I vissa länder har man skadliga kemikalier i modersmjölksersättningen som ges till småbarn. Somliga människor orsakar stor skada för sitt eget land genom att stjäla teknologi som är väldigt viktigt för landet.

På grund av attityder av "det här är mitt", är det svårt för myndigheterna att bygga offentliga faciliteter som sopanläggningar och krematorier. Människor bryr sig inte om andras bästa utan bara om sitt eget. Även om det inte är lika extremt som detta kan man se många själviska handlingar i vardagslivet.

Ta till exempel några kollegor eller vänner som går och äter tillsammans. De måste välja vad de ska äta och en av dem insisterar på vad han vill äta. En annan person hänger på men är inte helt nöjd med det på insidan. Ytterligare en annan frågar alltid efter den andras synpunkt först och sedan, oavsett om han gillar maten som den andre valde eller inte, äter han alltid det med glädje. Till vilken kategori hör du?

En grupp människor samlas till ett möte för att förbereda ett event. Det finns många olika åsikter. En person försöker övertala de andra tills de håller med honom. En annan insisterar inte lika mycket på sin åsikt, men när han inte gillar någon annans åsikt visar han motstånd, men accepterar det.

Ytterligare en person lyssnar på andra när de kommer med sina åsikter. Och även om deras åsikter skiljer sig från hans, försöker han att följa deras åsikter. Sådana skillnader kommer från den mängd kärlek som var och en har i sitt hjärta.

Om det uppstår en konflikt som leder till bråk eller diskussioner beror det på att man har sökt sitt och insisterat på att ens egna åsikter är de enda riktiga. Om ett gift par insisterar på sina egna åsikter kommer de konstant att bråka och de kommer inte förstå varandra. Om de ger efter för den andre och förstår varandra kommer de ha frid, men friden störs lätt om de fortsätter att hålla fast vid sina egna åsikter.

Om vi älskar någon kommer vi ta hand om den personen mer än oss själva. Låt oss tänka på föräldrars kärlek. De flesta föräldrar tänker på sina barn först istället för att tänka på sig själva. Mödrar föredrar att höra "oh, din dotter är så söt" än "oh, vad du är vacker."

Istället för att de själva ska äta god mat är de gladare när deras barn äter bra mat. Istället för att de själva ska ha på sig fina kläder, känner de sig lyckligare att klä sina barn i fina kläder. De vill också att deras barn ska bli intelligentare än de själva. De vill att deras barn ska bli accepterade och älskade av andra. Om vi ger en sådan kärlek till vår nästa och alla andra, så nöjd vår Fader Gud kommer att bli med oss!

Abraham sökte andras bästa med kärlek

Det är uppoffrande kärlek att sätta andras bästa före ens eget.

Abraham är ett bra exempel på en person som sökte andras bästa före sitt eget.

När Abraham lämnade sin hemstad följde hans brorson Lot med honom. Lot tog också emot stora välsignelser tack vare Abraham, och han hade så många djur att det inte fanns tillräckligt med vatten för både Abrahams och Lots hjordar och herdar. Ibland brukade herdarna från båda sidorna bråka med varandra.

Abraham ville inte att friden skulle försvinna mellan dem så han gav Lot möjlighet att välja först vilket landområde han ville ha, och själv skulle han ta det andra. Det viktigaste som behövdes för hjordarna var gräs och vatten. Den plats de befann sig på hade inte tillräckligt med gräs och vatten för alla flockarna och att ge upp den bättre platsen var som att ge upp det som var nödvändigt för ens överlevnad.

Abraham kunde ta så stor hänsyn till Lot för att han älskade honom väldigt mycket. Men Lot förstod inte riktigt Abrahams kärlek och valde själv det bättre landet, Jordandalen, och flyttade dit. Blev Abraham besviken när han såg att Lot valde det bästa för sig själv utan att tveka? Inte alls! Han var glad över att hans brorson tog det goda landet.

Gud såg Abrahams goda hjärta och välsignade honom överallt var han gick. Han blev så rik att han till och med var respekterad av kungarna i området. Detta illustrerar att vi sannerligen kommer ta emot välsignelser från Gud om vi söker andras bästa först och inte vårt eget.

Om vi ger något av vårt eget till någon vi älskar kommer glädjen bli större än någonting annat. Det är en sådan glädje som bara de som har gett något dyrbart till sina älskade kan förstå. Jesus njöt av denna glädje. Denna största lycka kan man få när man kultiverar fullkomlig kärlek. Det är svårt att ge till dem som vi hatar, men det är inte alls svårt att ge till dem vi älskar. Vi borde ge av ett glatt hjärta.

Att ha den största lyckan

Fullkomlig kärlek låter oss njuta av den största lyckan. Och för att ha fullkomlig kärlek som Jesus behöver vi tänka på andra före oss själva. Vår prioritet behöver vara vår nästa, Gud, Herren och församlingen istället för oss själva, och om vi gör så tar Gud hand om oss. Han ger oss så mycket bättre tillbaka när vi söker andras bästa. I himlen kommer det att lagras som himmelska belöningar. Det är därför som Gud säger i Apostlagärningarna 20:35, "Det är saligare att giva än att taga."

Här ska vi fastslå något. Vi får inte orsaka hälsoproblem för oss själva genom att arbeta trofast i Guds rike mer än vi klarar av med vår fysiska styrka. Gud kommer acceptera vårt hjärta om vi försöker vara trofasta mer än våra begränsningar. Men vår fysiska kropp behöver vila. Vi behöver också ta hand om vår själs välmående genom böner, fasta och att lära oss Guds ord, inte bara arbeta för församlingen.

En del orsakar problem eller skada i familjen eller för andra människor genom att spendera för mycket tid på religiösa aktiviteter eller församlingsarbete. Som exempel kan nämnas människor som inte kan utföra sina arbetsuppgifter ordentlig eftersom de fastar. Studenter kanske ignorerar sina studier för att delta i söndagsskoleaktiviteter.

I dessa fall kanske de tror att de inte söker sitt eget bästa eftersom de fortfarande arbetar hårt. Men det är inte riktigt sant. Trots det faktum att de arbetar för Herren, är de inte trofasta i hela Guds hus för de uppfyller inte alla de uppgifter som Guds barn har. Så de har trots allt sökt sitt eget bästa.

Vad ska vi då göra för att i allt undvika att söka vårt eget bästa? Vi måste förlita oss på den Helige Ande. Den Helige Ande, som är Guds hjärta, leder oss in i sanningen. Vi kan bara leva till Guds ära om vi gör allt efter den Helige Andes ledning, precis som aposteln Paulus sade, "Om ni äter eller dricker eller vad ni än gör, så gör allt till Guds ära" (1 Korinterbrevet 10:31).

För att kunna göra det, måste vi göra oss av med ondska från vårt hjärta. Om vi vidare kultiverar sann kärlek i vårt hjärta, kommer vishetens godhet över oss så att vi kan urskilja vad som är Guds vilja i varje situation. Om vår själ mår bra kommer allt att gå väl med oss och vi kommer vara vid god hälsa, så vi helt och hållet kan vara trofasta Gud. Vi kommer också bli älskade av våra grannar och familjemedlemmar.

När nygifta kommer för att ta emot min välsignelsebön, ber jag alltid för dem att de ska söka den andres bästa. Om de börjar söka sitt eget bästa kommer de inte kunna ha en fridfull familj.

Det är enkelt att söka den andras bästa som vi älskar eller de som kan ge oss fördelar. Men hur är det med dem som ställer till med problem för oss hela tiden och som vill ha det på sitt sätt? Och hur är det med dem som vill skada oss så att vi får lida, eller de som inte kan ge något tillbaka? Hur handlar vi mot de som har osanning och onda ord i sig hela tiden?

När vi försöker undvika dessa personer och inte vill offra något för dem betyder det att vi söker vårt eget bästa. Vi borde kunna offra oss själva och ge till dem som till och med har annorlunda tankar än oss. Bara då kan vi vara individer som tar hänsyn och ger ut andlig kärlek.

8. Kärleken brusar inte upp

Kärlek gör människans hjärta positivt och ilska gör det negativt. Ilska skadar hjärtat och gör det mörkt så om du blir arg kan du inte förbli i Guds kärlek. Den största snaran som fienden djävulen och Satan förbereder för Guds barn är hat och ilska.

Att brusa upp innebär inte bara att bli arg, skrika, förbanna och bli våldsam. Om ditt ansikte blir förvridet, om din ansiktsfärg förändras, och om ditt sätt att tala på förändras abrupt är det också att brusa upp. Trots att det är stor skillnad på graden är det fortfarande ett yttre uttryck för hat och negativa känslor som finns i hjärtat. Men när vi ser att någons utseende förändras på det sättet ska vi inte döma eller fördöma och tro att han är arg. Det är inte lätt för någon att exakt kunna förstå vad som finns i en annan människas hjärta.

Jesus drev iväg de som sålde saker i templet. Köpmännen hade satt upp bord och växlade pengar eller sålde offerdjur till människorna som kom till Jerusalems tempel för att fira påsken. Jesus är så ödmjuk. Han bråkar inte och ropar inte, och ingen hörde Hans röst på gatorna. Men i den här situationen förändras Hans attityd till något annat än det normala.

Han gjorde en piska av ett rep och drev ut fåren, korna, och andra offerdjur. Han välte borden för penningväxlarna och de som sålde duvor. När människorna runt omkring såg denne Jesus, trodde de säkert att Han var arg. Men det var inte så att Han var arg eller hade negativa känslor som hat inom sig. Han hade bara en rättfärdig, helig vrede. Genom denna heliga vrede lät Han oss inse att det var orättfärdigt att vanhelga Guds tempel på det sättet och att det inte var acceptabelt. Denna sorts heliga vrede är resultatet på Guds kärlek som fullkomnar kärleken tillsammans med Hans rättvisa.

Skillnaden mellan helig vrede och ilska

I Markus kapitel 3 botade Jesus en man på sabbaten som hade en förvissnad hand. Folket höll ögonen på Jesus för att se om Han skulle bota en person på sabbaten så att de kunde anklaga Honom för att överträda sabbaten. Jesus visste vad de tänkte och frågade, "Är det på sabbaten mera tillåtet att göra gott än att göra ont, att rädda liv än att döda?" (Markus 3:4)

Deras intentioner blev avslöjade och de hade inget mer att säga. Jesu vrede var vänd mot deras förhärdade hjärtan.

Då såg han sig omkring med vrede, bedrövad över att deras hjärtan var så förstockade. Och till mannen sade han: "Räck ut din hand." Han räckte ut handen, och den var nu frisk (Markus 3:5).

De onda människorna på den tiden försökte fördöma Jesus som bara gjorde goda gärningar och döda Honom. Därför använde Jesus ibland starka uttryck mot dem. Det var för att få dem att inse att de var inne på förgörelsens väg och få dem att vända om. Jesu heliga vrede härstammade från Hans kärlek. Denna upprördhet väckte tidvis folket och ledde dem till livet. På det här sättet skiljer sig helig vrede från att brusa upp, de är helt olika. Bara när man har blivit helt helgad och inte har någon synd i sitt liv, kommer ens tillrättavisning och förmaningar att ge liv till själar. Men utan helgelse i hjärtat kommer man inte kunna bära sådan frukt.

Det finns många orsaker till att människor blir arga. För det första är det för att ens föreställning om vad man vill se och vad som faktiskt syns inte är likadant. Alla har olika bakgrunder och utbildning, därför skiljer sig deras hjärtan, tankar och bedömningsstandard från varandra. Men de försöker att få idéerna att passa ihop och i denna process kan det uppstå agg.

Bara det att en man kan tycka om saltad mat medan frun inte gör det. Frun kan säga, "För mycket salt är inte bra för din hälsa, så du borde äta mindre salt." Hon ger detta råd till sin man om hans hälsa. Men om mannen inte vill ändra sig behöver hon inte insistera på sin sak. De borde finna ett sätt att kompromissa med varandras åsikter. Då kan man skapa en lycklig familj.

För det andra kan en person bli arg när andra inte lyssnar på honom. Om han är äldre eller har en högre position vill han att andra ska lyda honom. Det är givetvis rätt att visa respekt för äldre och att lyda de som har en högre position i hierarkin, men det är inte heller rätt för dessa personer att kräva att de i lägre positioner ska lyda.

Det finns situationer då en person som är högre i position inte lyssnar på sina underordnade alls utan vill bara att de ska följa hans ord ovillkorligen. I andra fall blir människor arga när de förlorar något eller om de blir orättvist behandlade. Man kan också bli arg när någon föraktar en utan orsak, eller när saker man har begärt eller instruerat om inte blir gjort, eller när människor förbannar eller förolämpar en.

Innan man blir arg har man redan utvecklat negativa känslor i sitt hjärta. Ord och handlingar från andra uppväcker sådana känslor inom en. Till slut kommer dessa upprörda känslor ut som ilska. Det är oftast så att man först har negativa känslor innan man blir arg. Vi kan inte förbli i Guds kärlek och vår andliga tillväxt blir kraftigt förhindrad om vi tillåter oss själva att bli arga.

Vi kan inte förändra oss själva med sanningen så länge vi har negativa känslor mot andra, och vi måste göra oss av med känslan av att brusa upp och göra oss av med vreden. 1 Korinterbrevet 3:16 säger, "Vet ni inte att ni är ett Guds tempel och att Guds Ande bor i er?"

Låt oss inse att den Helige Ande intar vårt hjärta som ett tempel och att Gud alltid ser oss, så att vi inte blir provocerade bara för att något inte görs som vi har förväntat oss att det skulle göras.

Man kan inte uppnå Guds rättfärdighet genom mänsklig vrede

Elisa fick en dubbel del av sin lärare Elias ande och utförde mer kraftgärningar från Gud än honom. Han gav en barnlös kvinna välsignelse av barn; han uppväckte en död person, botade spetälska och besegrade en fiendearmé. Han förvandlade otjänligt vatten till gott vatten genom att hälla salt i det. Men trots det dog han själv av en sjukdom, vilket var väldigt ovanligt för en stor gudsprofet.

Hur kommer det sig? Det var när han var på väg upp från Betel som en grupp småpojkar kom ut från staden och gjorde narr av honom, för han hade inte mycket hår och han såg inte så attraktiv ut. "Upp med dig, du flintskalle! Upp med dig, du flintskalle!" (2 Kungaboken 2:23)

Det var inte bara några stycken utan många småpojkar som följde efter och hånade Elisa och han kände sig förödmjukad. Han gav dem råd och tillrättavisade dem, men de ville inte lyssna. De var så envisa och gjorde det svårt för profeten, till den grad att han inte klarade av att hantera det längre.

Betel var huvudplatsen för avgudadyrkan i nordlandet Israel efter att nationen hade delats. Småpojkarna i området måste haft förhärdade hjärtan på grund av denna miljö av avgudadyrkan. De kanske blockerade vägen, spottade på Elisa och till och med kastade stenar på honom. Det slutade med att Elisa förbannade dem. Två björnhonor kom ut ur skogen och dödade fyrtiotvå av pojkarna.

De hade givetvis dragit på sig detta själva genom gå över gränsen när de hånade gudsmannen, men det bevisar också att Elisa hade negativa känslor inom sig. Det faktum att han dog av en sjukdom är inte irrelevant i det här fallet. Vi kan se att det inte är rätt att Guds barn blir provocerade. "Ty en mans vrede åstadkommer inte det som är rätt inför Gud" (Jakobs brev 1:20).

Att inte bli provocerad

Vad ska vi göra för att inte bli arga? Måste vi pressa ner det med självkontroll? När vi trycker ner ett källsprång blir dess kraft starkare och springer upp så fort vi tar bort handen från hålet. Det är på samma med att bli arg. Om vi bara pressar ner det kommer vi kanske för stunden att undvika konflikten, men förr eller senare kommer det att explodera. För att därför inte bli provocerad, måste vi göra oss av med känslan av vreden. Vi får inte bara pressa ner känslan utan istället förändra vår ilska till godhet och kärlek så att vi inte behöver pressa ner något.

Det är förstås inte möjligt att göra oss av med alla negativa känslor över natten och ersätta dem med godhet och kärlek. Vi behöver fortsätta att konstant försöka dag ut och dag in. Först måste vi när vi möter provocerande situationer, lämna det till Gud och vara tålmodig. I en studie om Thomas Jefferson, USA:s tredje president, står det skrivet, "När du blir arg, räkna till tio innan du talar; om du är väldigt arg, till ett hundra." Ett koreanskt ordspråk säger, "tålamod tre gånger stoppar ett mord"

När vi blir arga ska vi dra oss undan och tänka på vilka fördelar det kommer föra med sig om vi blir arga. Då kommer vi inte behöva ångra oss eller skämmas över något. När vi försöker vara tålmodiga med böner och med den Helige Andes hjälp, kommer vi snart kunna göra oss av med onda känslor som ilskan hör till. Om vi tidigare blivit arga tio gånger kommer det reduceras till nio, åtta och så vidare. Efter ett tag kommer vi bara ha frid även i provocerande situationer. Så lyckliga vi kommer att vara då!

Ordspråksboken 12:16 säger, "Dåren visar genast sin vrede, klok är den som döljer smälek" och Ordspråksboken 19:11, "Förstånd gör en människa tålmodig, det är hennes ära att förlåta en försyndelse."

Det engelska ordet för vrede, "anger", är bara ett "d" ifrån "danger" [fara]. Vi måste inse hur farligt det är att bli arg. Den som håller ut är den som vinner seger. För en del är det möjligt att utöva självkontroll när man är i kyrkan och det uppstår situationer som kan göra de arga, men när de är hemma, på skolan eller på arbetsplatsen blir de lätt arga. Men Gud finns inte bara i kyrkan.

Han vet om vi sitter och står, och varje ord vi säger och varje tanke vi har. Han ser oss överallt och den Helige Ande bor i våra hjärtan. Därför måste vi leva som om vi stod inför Gud hela tiden.

Ett gift par bråkade om något och den arga mannen skrek åt sin fru att hon skulle hålla tyst. Hon blev så chockad att hon inte öppnade sin mun tills hon dog. När man brusar upp kan det göra att många människor får lida, och vi borde sträva efter att göra oss av med alla slags negativa känslor.

9. Kärleken tillräknar inte det onda

I min tjänst har jag stött på många olika sorters människor. En del känner Guds kärlek bara genom att tänka på Honom och börjar gråta medan andra känner sig bekymrade i sina hjärtan för att de inte känner Guds kärlek så djupt i sina hjärtan trots att de tror på och älskar Honom.

Hur mycket vi känner Guds kärlek beror på hur mycket vi har gjort oss av med synder och ondska. Efter hur mycket vi lever efter Guds Ord och gör oss av med ondska från våra hjärtan, kan vi känna Guds kärlek djupt i våra hjärtan utan att vår tro hindras eller slutar växa. I vår trosvandring stöter vi ibland på svårigheter men då måste vi komma ihåg Guds kärlek som väntar på oss hela tiden. Så länge vi kommer ihåg Hans kärlek kommer vi inte tänka på det onda som någon har gjort.

Tillräkna det onda

I boken Healing Life's Hidden Addictions, skriver Dr. Archibald D. Hart, en f.d. rektor vid Psykiatrifakulteten vid Fuller Teologiska Seminarium, att en av fyra ungdomar i Amerika lider av allvarlig depression och att depression, droger, sex, internet, alkoholdrickande och rökning fördärvar unga människors liv.

När missbrukare slutar att använda droger som förändrar tänkandet, känslorna och uppförandet har de väldigt få, om ens några, strategier för att kunna hantera det. Missbrukaren börjar missbruka något annat istället som manipulerar kemin i hjärnan så att han kan fly undan. Dessa missbrukarvanor kan vara sex, kärlek och relationer. Detta kan inte ge sann tillfredsställelse och inte heller göra så att de upplever den nåd och kärlek som kommer från relationen med Gud, och därför befinner de sig i ett allvarligt tillstånd, enligt Dr. Hart. Missbruket är ett försök att finna tillfredsställelse i annat än den nåd och glädje som ges av Gud, och det är ett resultat av att ha ignorerat Gud. En missbrukare skulle grundläggande tänka som en som tillräknar det onda hela tiden.

Vad är det att tillräkna det onda? Det handlar om att tänka på allt ont, som inte är i enlighet med Guds vilja. Att tänka på det onda kan generellt delas in i tre kategorier.

Det första är dina tankar, att du vill att något ska gå fel för andra människor.

Låt oss till exempel säga att du har bråkat med någon. Då kanske du hatar honom så mycket att du tänker något som, "Jag önskar han kunde snubbla och ramla." Eller låt oss säga att du inte har någon god kontakt med en granne, och så händer något dåligt med honom. Då tänker du, "Rätt åt honom!" eller "Jag visste att det skulle hända!" För studenter kan det hända att en klasskamrat inte vill att det ska gå bra för den andre på provet.

Om du har sann kärlek i dig, kommer du aldrig tänka sådana onda tankar. Skulle du vilja att någon du älskar blir sjuk eller råkar ut för en olycka? Du vill naturligtvis att din älskade hustru eller man alltid ska vara frisk och inte råka ut för någon olycka. Eftersom vi inte har kärlek i vårt hjärta, vill vi att något dåligt ska hända med andra, och vi gläder oss när andra är olyckliga.

Om vi inte har kärlek vill vi också veta vilka svagheter andra har eller vad de har gjort för fel och sedan sprida det till andra. Tänk dig att du går på ett möte och någon där säger något negativt om en annan person. Om du intresserad lyssnar på sådant behöver du kontrollera ditt hjärta. Om någon skvallrar om dina föräldrar, skulle du vilja fortsätta lyssna på det? Nej, du skulle säga åt dem att sluta direkt.

Det finns givetvis tillfällen då du måste veta vad som pågår i andras liv eftersom det är tänkt att du ska hjälpa dessa människor. Men om det inte är så och du fortfarande är intresserad av att höra dåliga saker om andra är det för att du har en längtan efter att skvallra och tala illa om andra. "Den som skyler synd främjar kärlek, den som river upp en sak splittrar nära vänner" (Ordspråksboken 17:9).

Det finns de som är goda och har kärlek i sina hjärtan och försöker skyla andras fel. Om vi har andlig kärlek kommer vi inte heller bli avundsjuka eller svartsjuka när det går bra för andra. Vi skulle vilja att det går väl för dem och att de ska vara älskade av andra. Herren Jesus sade till oss att älska till och med våra fiender. Romarbrevet 12:14 säger också, "Välsigna dem som förföljer er, välsigna och förbanna inte."

Den andra aspekten på onda tankar är tankar som dömer och fördömer andra.

Tänk dig att du såg en annan troende gå till en plats dit troende inte bör gå. Vad tänker du då? Du kanske får en negativ uppfattning om honom att du till och med tänker, "Hur kunde han göra det?" Eller om du har lite godhet inom dig kanske du tänker,

"Varför skulle han gå till en sådan plats?" men då ändrar du dig och tänker att han måste ha en orsak för att gå dit.

Men om du har andlig kärlek i ditt hjärta kommer du inte ha någon ond tanke alls till att börja med. Även om du hör något som inte är bra, kommer du inte med dom eller fördömande om den personen förrän du åtminstone har dubbelkollat fakta. För det mesta när föräldrar hör dåliga nyheter om sina barn, hur reagerar de då? De är inte så snabba på att acceptera det utan insisterar istället på att deras barn inte har gjort något sådant. De tycker att personen som säger något sådant är dålig istället. Om du på samma sätt verkligen älskar någon, kommer du att tro det bästa om honom.

Men nu för tiden märker vi att människor tänker ont om andra och säger dåliga saker om dem så lätt. Det sker inte bara i personliga relationer utan man kritiserar även de som har offentliga positioner.

Man försöker inte ens se hela bilden av vad som verkligen skedde, och sprider grundlösa rykten. Det händer att en del till och med tar livet av sig när de får aggressiva svar på internet. Människor dömer och fördömer andra utifrån sin egen standard och inte utifrån Guds Ord. Men vad är Guds goda vilja?

Jakob 4:12 varnar oss, "Det finns bara en lagstiftare och domare, han som har makt att frälsa och förgöra. Men vem är du, som dömer din nästa?"

Det är bara Gud som kan döma. Gud säger nämligen till oss att det är ont att döma vår nästa. Tänk dig att någon gör något uppenbart fel. I denna situation är det inte så viktigt för den som har andlig kärlek om personen har rätt eller inte i vad han gjorde. De tänker bara på det som verkligen är till nytta för personen. De vill bara att personens själ ska må bra och att han ska bli älskad av Gud.

Fullkomlig kärlek är inte bara att överskyla missgärning, utan också att hjälpa den andra personen till omvändelse. Vi behöver också kunna undervisa om sanningen och beröra personens hjärta så att han kan gå på den rätta vägen och förändra sig själv. Om vi har fullkomlig andlig kärlek kommer vi inte ens försöka se med godhet på personen. Det kommer komma naturligt för oss att älska till och med en person som gör många överträdelser. Vi skulle bara vilja lita på honom och hjälpa honom. Om vi inte har några tankar på dom eller fördömelse mot andra, kommer vi vara lyckliga oavsett vilka vi möter.

Den tredje aspekten är alla tankar som inte är i enlighet med Guds vilja.

Onda tankar är inte bara att ha onda tankar mot andra utan också att ha tankar som inte överensstämmer med Guds vilja. I världen brukar man säga att människor som lever efter en god moral och efter sitt samvete lever i godhet.

Men varken moral eller samvete kan vara godhetens absoluta standard. Båda har mycket som är motsatsen till eller helt emot Guds Ord. Bara Guds Ord kan vara godhetens absoluta standard.

De som accepterar Herren bekänner att de är syndare. Människor kanske känner stolthet över det faktum att de lever goda och moraliska liv, men de är fortfarande onda och de är fortfarande syndare enligt Guds Ord. Det beror på att allt som inte är i enlighet med Guds Ord är ont och synd, och Guds Ord är godhetens absoluta standard (1 Johannes brev 3:4).

Vad är skillnaden mellan synd och ondska? I breda ordalag är synd och ondska båda osanning vilket är emot den sanning som är Guds Ord. De är mörker, vilket är motsatsen till Gud som är Ljuset. Men om man tittar i detalj är de väldigt olika varandra. För att jämföra dessa två med ett träd, är "ondska" som roten som finns i marken och inte är synlig, medan "synd" är som grenarna, löven och frukterna.

Utan en rot kan trädet inte ha grenar, löv eller frukter. På samma sätt finns synden till på grund av ondskan. Ondskan är naturen som finns i någons hjärta. Det är naturen som är emot Guds godhet, kärlek och sanning. När denna ondska manifesteras i en specifik form, handlar det om synd.

Jesus sade, "En god människa bär fram det som är gott ut sitt hjärtas goda förråd, och en ond människa bär fram det som är ont ur sitt hjärtas onda förråd. Ty vad hjärtat är fullt av, det talar munnen" (Lukas 6:45).

Tänk dig att en person säger något som sårar någon som han hatar. När han säger det syns det onda som finns i hans hjärta eftersom "hat" och "onda ord" är specifika synder. En synd märks och specificeras efter den standarden som kallas Guds ord, som är en befallning.

Utan en lag kan inte någon straffas eftersom det inte finns någon standard som bestämmer eller dömer. På samma sätt avslöjas synd eftersom det är emot standarden som är Guds Ord. Synd kan kategoriseras i två kategorier; det som har med köttet att göra och köttets gärningar. Det som har med köttet att göra är synder som begås i hjärtat och sinnet som hat, avundsjuka, svartsjuka, tankar på äktenskapsbrott medan köttets gärningar är synd i handling som bråk, kasta ur sig dåliga ord och mord.

Det som liknar synder eller brott i denna värld delas upp i olika kategorier. Ett brott som begås kan till exempel vara emot en nation, ett folk eller en individ.

Men även om man har ondska i sitt hjärta, är det inte självsagt att man kommer att begå synder. Om man lyssnar på Guds Ord och har självkontroll kan man undvika att begå synder även om det finns en del ondska i ens hjärta. Då kan det hända att man känner sig tillfredsställd och tror att man har uppnått helgelse eftersom man inte begår uppenbara synder.

För att kunna bli fullständigt helgad måste vi dock göra oss av med ondskan som finns i vår natur, vilket finns djupt i våra hjärtan. Det är i den natur som vi har ärvt från våra föräldrar som ondskan finns. Den avslöjas oftast inte i vanliga situationer utan kommer upp i extrema situationer.

Ett koreanskt ordspråk säger, "Varenda en kommer hoppa över staketet till sin granne om han svälter under tre dagar." Det är det samma som "nöden har ingen lag." Så länge vi inte är helt och fullt helgade kommer det som varit dolt inom oss bli avslöjat i en extrem situation.

Även om det är litet är flugans avföring fortfarande avföring. Samma kan man säga om det som inte är synder, men som inte är fullkomligt i Guds ögon, det är ändå en form av ondska. Det är därför som 1 Tessalonikerbrevet 5:22 säger, "och håll er borta från allt slags ont."

Gud är kärlek. Därför kan man grundläggande säga att alla Guds befallningar kommer ut från "kärleken." Det är alltså ondska och laglöshet att inte älska. För att kunna kontrollera om vi tänker på det onda som någon har gjort kan vi tänka på hur mycket kärlek som vi har i oss. Efter hur mycket vi älskar Gud och andra själar, kommer vi inte att tillräkna det onda.

Och detta är hans bud, att vi skall tro på hans Son Jesu Kristi namn och älska varandra så som han har befallt oss (1 Johannes brev 3:23).

Kärleken gör inte något ont mot sin nästa. Alltså är kärleken lagens uppfyllelse (Romarbrevet 13:10).

Att inte tillräkna det onda

För att inte tänka på det onda ska vi först och främst inte ens titta på eller höra på onda ting. Även om vi råkar se eller höra något ont, ska vi inte försöka komma ihåg eller tänka på det igen. Vi ska inte försöka komma ihåg det. Ibland kan det givetvis hända att vi inte kan kontrollera våra egna tankar. En specifik tanke kan bli starkare ju mer vi försöker att inte tänka på den. Men när vi fortsätter att försöka att inte ha några onda tankar genom böner, kommer den Helige Ande att hjälpa oss. Vi ska se till att vi inte medvetet ser, hör eller tänker onda saker och vi borde även göra oss av med tankar som blixtrar till i vårt medvetande på ett ögonblick.

Vi ska inte heller delta i onda gärningar. 2 Johannes brev 1:10-11 säger, "Om därför någon kommer till er och inte för med sig denna lära, så skall ni inte ta emot honom i ert hem eller hälsa honom välkommen. Den som välkomnar en sådan gör sig medskyldig till hans onda gärningar." Det är Gud som ger oss rådet att undvika det onda och inte ens acceptera det.

Människan ärver syndfull natur från sina föräldrar. Medan man lever i denna värld kommer man i kontakt med många osanningar. Baserad på denna syndfulla natur och osanningarna utvecklar man sin personliga karaktär, ens "jag." Att leva ett kristet liv är att göra sig av med denna syndfulla natur och alla osanningar från den stund vi accepterar Herren. Eftersom vi lever i den här världen, känner vi oss mer bekant med osanningen än med sanningen. Det är relativt lättare att acceptera osanningen och ta till oss den än det är att göra oss av med den. Det är ju lättare att fläcka ner vita kläder med svart bläck, än att ta bort fläcken och göra det fullständigt vitt igen.

Och även om det verkar vara en liten ondska inom oss så kan det utvecklas till stor ondska på ett ögonblick. Precis som Galaterbrevet 5:9 säger, "Lite surdeg syrar hela degen", kan lite ondska snabbt spridas till många människor. Därför behöver vi vara på vår vakt mot till och med lite ondska. För att inte kunna tänka på något ont, måste vi hata den onda tanken och inte ge den en chans att stanna. Gud befaller oss att "Ni som älskar HERREN, hata det onda" (Psaltaren 97:10) och lär oss "Att frukta HERREN är att hata det onda" (Ordspråksboken 8:13).

Om du passionerat älskar någon kommer du att tycka om vad den personen tycker om och ogilla det som personen ogillar. Du behöver inte ens ha en orsak för att göra det. När Guds barn som har tagit emot den Helige Ande begår synder, suckar den Helige Ande inom dem. Därför känner de stygn i sina hjärtan. Då inser de att Gud hatar det som de har gjort, och de försöker att inte begå synder igen. Det är viktigt att försöka göra sig av med till och med små former av ondska och inte acceptera ondska mer.

Ha med Guds Ord och bön

Ondska är något värdelöst. Ordspråksboken 22:8 säger, "Den som sår orätt får skörda fördärv." Sjukdomar kan komma över oss och våra barn, eller vi kanske är med om olyckor. Vi kanske få leva i sorg på grund av fattigdom och familjeproblem. Alla dessa problem kommer, trots allt, från ondska.

Bedra inte er själva. Gud bedrar man inte: det människan sår skall hon också skörda (Galaterbrevet 6:7).

Självklart kommer inte problemen att synas direkt inför våra ögon. I det här fallet kan det vara så att ondska samlas på hög till en viss nivå och då först orsakar det problem, kanske senare för våra barn. På grund av att världsliga människor inte förstår denna regel gör de många onda ting på många olika sätt.

De tycker till exempel att det är normalt att hämnas mot dem som har skadat dem. Men Ordspråksboken 20:22 säger, "Säg inte: 'Jag ska vedergälla ont med ont.' Vänta på HERREN, han skall hjälpa dig."

Gud kontrollerar mänsklighetens liv och död, lycka och olycka efter sin rättvisa. Om vi därför gör det goda i enlighet med Guds Ord, kommer vi definitivt skörda godhetens frukter. Det är precis som Gud har lovat i 2 Mosebok 20:6 där det står, "men som visar nåd mot tusen släktled, när man älskar mig och håller mina bud."

För att kunna hålla oss borta från ondskan måste vi hata den. I tillägg till det måste vi ha två andra saker med oss hela tiden. Det är Guds Ord och bön. När vi mediterar på Guds Ord dag och natt kan vi driva bort onda tankar och ha andliga, goda tankar. Vi kan förstå vad för slags handling en kärlekshandling är.

Och när vi ber, mediterar på Ordet än djupare, kommer vi kunna se ondskan som finns i våra ord och handlingar. När vi ber uthålligt med den Helige Andes hjälp, kan vi styra över och göra oss av med ondskan från våra hjärtan. Låt oss se till att vi snabbt gör oss av med ondskan med hjälp av Guds Ord och bön så att vi kan leva ett liv fyllt av lycka.

10. Kärleken gläder sig inte över orättfärdigheten

Ju mer utvecklat ett samhälle är, desto större chans för ärliga människor att ha framgång. Och länder som är mindre utvecklade tenderar att ha mer korruption, och nästan allt kan fås eller göras med pengar. Korruption är en sjukdom för nationen och det påverkar landets framgång. Korruption och orättfärdighet påverkar också individer väldigt mycket. Själviska människor kan inte få sann tillfredsställelse för de tänker bara på sig själva och de kan inte älska andra.

Att inte glädja sig över orättfärdigheten och inte tillräkna det onda liknar varandra. "Att inte tänka på det onda som någon har gjort mot en" är att inte ha någon form av ondska i hjärtat. "Att inte glädja sig över orättfärdigheten" är att inte tycka om skamfyllt och dåligt uppförande, handlingar eller moral, och det är att inte delta i det heller.

Att vara svartsjuk på en vän som är rik, och ogilla honom eftersom det verkar som om han alltid skryter om sin rikedom, och tänka, "Han är så rik, varför inte jag? Jag hoppas han förlorar allt" att tänka onda tankar. Men en dag lurar någon honom och han förlorar allt. Om man då tycker om det man hör och tänker "Han skröt alltid om sin rikedom, han får skylla sig själv!" då är det att glädja sig eller tycka om orättfärdigheten. Om man till råga på allt deltar i sådana gärningar, är det att aktivt glädja sig över orättfärdigheten.

Det finns en allmän orättfärdighet som till och med otroende tycker är orättfärdigt. När någon till exempel förvärvar sin rikedom på ett oärligt sätt genom att lura eller hota andra med tvång. Man kanske bryter landets lagar och regler och accepterar mutor för egen vinning skull. Om en domare dömer orättfärdigt på grund av att han har tagit emot en muta och en oskyldig man blir straffad, är det orättfärdighet i allas ögon. Det är att missbruka den makt man har som domare.

När någon säljer något kanske han luras genom att modifiera volymen eller kvaliteten. Han kanske också använder billigt material med dålig kvalitet för att få oförtjänt förtjänst. Han tänker inte på andra utan bara på sitt eget bästa, kortsiktigt. Han vet vad som är rätt, men tvekar inte att lura andra eftersom han gläder sig över orättfärdig lön. Det finns faktiskt många människor som bedrar för egen vinnings skull. Men vad gör vi? Kan vi säga att vi är rena?

Tänk dig att något sådant här har hänt. Du arbetar statligt och får veta att en av dina närmaste vänner tjänar pengar på ett olagligt sätt genom skumma affärer. Om han ertappas blir han hårt straffad och denna vän erbjuder dig en stor summa pengar för att du ska vara tyst och låtsas som ingenting under ett tag. Han säger att han kommer ge dig ännu mera pengar senare. Samtidigt har ni ekonomiska problem i familjen och du behöver en stor summa pengar. Vad skulle du göra?

Eller låt oss föreställa oss en annan situation. En dag kollar du ditt bankkonto och ser att du har mer pengar än vad du trodde att du hade. Du får veta att summan som skulle överföras för att betala skatt inte har blivit dragen. Hur reagerar du då? Är du glad över deras misstag och tänker att det inte är ditt ansvar? 2 Krönikeboken 19:7 säger, "Låt nu fruktan för HERREN vara över er. Ge akt på vad ni gör, ty hos HERREN, vår Gud, finns ingen orätt, och han är inte partisk och tar ej mutor." Gud är rättfärdig; det finns ingen orätt i Honom alls. Det vi gör kanske inte syns för människor, men vi kan inte lura Gud. Därför måste vi med gudsfruktan vandra på rätt väg i ärlighet.

Tänk på hur det var för Abraham. När hans brorson i Sodom tillfångatogs som krigsfånge återvann Abraham inte bara sin brorson utan hela folket som hade tillfångatagits samt deras ägodelar. Kungen i Sodom ville visa sin uppskattning genom att ge Abraham lite av det han hade tagit tillbaka åt kungen, men Abraham tog inte emot det.

Men Abram svarade kungen i Sodom: "Jag lyfter min hand upp till HERREN, till Gud den Högste, skapare av himmel och jord: Jag vill inte ens ta en tråd eller en sandalrem, än mindre något annat som tillhör dig. Du skall inte kunna säga: Jag har gjort Abram rik" (1 Mosebok 14:22-23).

När Abrahams fru Sara dog erbjöd en man som ägde marken att ge honom en begravningsplats, men han tog inte emot den. Istället betalade han ett skäligt pris för den. Det gjorde han för att det inte skulle bli några diskussioner i framtiden om marken. Han gjorde vad han gjorde för att han var en ärlig man; han ville inte ta emot något han inte hade förtjänat eller som var orättfärdig vinning. Om han hade levt för pengar skulle han bara ha gjort det som var förtjänstfullt för honom själv.

De som älskar Gud och som är älskade av Honom kommer aldrig skada någon eller söka sitt eget bästa genom att överträda landets lagar. De förväntar sig inget mer än vad de förtjänar att få genom sitt ärliga arbete. De som gläder sig över orättfärdigheten har ingen kärlek till Gud eller sin nästa.

Orättfärdighet i Guds ögon

Orättfärdighet i Herren är lite annorlunda mot orättfärdigheten i allmän bemärkelse. Det är inte bara att överträda ett lands lagar och orsaka skada för andra, utan någon och varje synd som är emot Guds Ord. När ondskan i hjärtat kommer fram på ett speciellt sätt är det synd, och detta är orättfärdighet. Bland många synder handlar orättfärdighet framför allt om köttets gärningar.

Det är hat, avundsjuka, svartsjuka och annan ondska som finns i hjärtat och som kommer fram i handlingar som bråk, strider, våld, bedrägeri och mord. Bibeln säger oss att om vi gör orättfärdighet är det till och med svårt att bli frälst.

1 Korinterbrevet 6:9-10 säger, "Vet ni inte att inga orättfärdiga skall få ärva Guds rike? Bedra inte er själva! Varken otuktiga eller avgudadyrkare, varken äktenskapsbrytare eller de som utöver homosexualitet eller de som låter sig utnyttjas för sådant, varken tjuvar eller giriga, varken drinkare, förtalare eller utsugare skall ärva Guds rike."

Akan var en i folket som älskade orättfärdighet och det ledde till hans förgörelse. Han tillhörde den andra generationen efter Uttåget och sedan barndomen hade han sett och hört om det som Gud hade gjort för sitt folk. Han hade sett pelaren av moln under dagen och pelaren av eld under natten som ledde dem. Han hade sett den översvämmade floden Jordan stanna upp i sitt flöde och den oövervinnerliga staden Jeriko falla på ett ögonblick. Han kände också mycket väl till ledaren Josuas befallning att ingen fick ta någonting från staden Jeriko, för allt skulle offras till Gud.

Men i den stund han såg allt som fanns i staden Jeriko tog girigheten över i hans förstånd. Efter att ha levt ett torrt liv under en lång tid i ödemarken var allt i staden så vackert för honom. I den stund han såg den underbara manteln och guldet och silvret, glömde han bort Guds Ord och Josuas befallning, och tog det och gömde det hos sig själv.

På grund av Akans synd när han överträdde Guds befallning, drabbades Israel av nederlag med många döda i nästa strid. Det var genom den förlusten som Akans orättfärdighet avslöjades, och det ledde till att han och hans familj stenades till döds. Stenarna formade ett stenröse och denna plats kallas Akors dal.

Läs också 4 Mosebok kapitel 22-24. Bileam var en man som kunde kommunicera med Gud. En dag bad Balak, kungen i Moab, att han skulle förbanna Israels folk. Gud sade då till Bileam, "Du skall inte gå med dem. Du skall inte förbanna detta folk, ty det är välsignat" (4 Mosebok 22:12).

Efter att Bileam hade hört detta Ord från Gud vägrade han följa med den moabitiske kungen. Men när kungen sände guld och silver och många rikedomar, vacklade han i sitt sinne. Han blev till slut så förblindad av rikedomarna att han lärde kungen hur han skulle fånga Israels folk i fällan. Vad resulterade det i? Israels barn åt maten som hade offrats till avgudar och begick äktenskapsbrott och det förde med sig en stor vedermöda över dem, och Bileam själv blev till slut dödad genom svärd. Det var resultatet av att älska orättfärdig vinning.

Orättfärdighet är direkt relaterat till frälsning i Guds ögon. Om vi ser bröder och systrar i tron handla orättfärdigt som otroende i världen, vad ska vi göra då? Vi ska givetvis sörja över dem, be för dem och hjälpa dem att leva i enlighet med Ordet. Men somliga troende är avundsjuka på dessa och tänker, "Jag vill också leva ett lättare och bekvämare kristet liv som de." Men om du slår dig an med dem kan man inte säga att du älskar Herren.

Jesus, som var oskyldig, dog för att föra oss, som är orättfärdiga, till Gud (1 Petrus brev 3:18). När vi förstår denna stora kärlek som Herren har får vi inte glädja oss över orättfärdigheten. De som inte gläder sig över orättfärdigheten håller sig inte bara borta från orättfärdigheten utan lever också aktivt efter Guds Ord. Då kan de bli Herrens vänner och leva liv i framgång (Johannes 15:14).

11. Kärleken har sin glädje i sanningen

Johannes, en av Jesu tolv lärjungar, blev räddad från martyrskapet och levde tills han dog av hög ålder, spridande evangeliet om Jesus Kristus och Guds vilja till många människor. Något som han verkligen njöt av under sina sista år vara att höra att troende försökte leva i Guds Ord, i sanningen.

Han sade, "Jag blev mycket glad när bröderna kom och vittnade om den sanning som finns hos dig, hur du lever i sanningen. Ingenting gläder mig mer än att höra att mina barn lever i sanningen" (3 Johannes brev 1:3-4).

Vi kan se hur mycket glädje han hade i uttrycket, "Jag blev mycket glad." Tidigare hade han haft ett hett temperament, han hade till och med kallats åskans son som ung, men efter att han hade förändrats, kallades han istället för kärlekens apostel.

Om vi älskar Gud, kommer vi inte praktisera orättfärdighet, istället kommer vi praktisera sanningen. Vi kommer också att glädja oss över sanningen. Sanningen handlar om Jesus Kristus, om evangeliet och om alla de 66 böckerna i Bibeln. De som älskar Gud och är älskade av Honom kommer definitivt glädja sig över Jesus Kristus och över evangeliet. De gläder sig när Guds rike expanderar. Vad betyder det att ha sin glädje i sanningen?

För det första är det att ha sin glädje i evangeliet.

"Evangeliet" är de goda nyheterna att vi är frälsta genom Jesus Kristus och är på väg till himmelriket. Många människor letar efter sanningen och ställer frågor som "Vad är meningen med livet? Vad är ett värdefullt liv?" För att få svaret på dessa frågor studerar de teorier och filosofi och försöker få svaret genom olika religioner. Men sanningen är Jesus Kristus och ingen kan komma till himlen utom genom Jesus Kristus. Det är därför Jesus sade, "Jag är vägen och sanningen och livet. Ingen kommer till Fadern utom genom mig" (Johannes 14:6).

Vi tog emot frälsning och fick evigt liv genom att acceptera Jesus Kristus. Vi blir förlåtna våra synder genom Herrens blod och vi har flyttats från helvetet till himlen. Vi förstår nu meningen med livet och lever ett liv fyllt av värde. Därför är det naturligt för oss att glädja oss över evangeliet. De som gläder sig över evangeliet kommer uthålligt att dela med sig av det till andra också. De kommer att uppfylla sina gudagivna uppgifter och arbeta trofast i att sprida evangeliet. De gläder sig också när själar hör evangeliet och tar emot frälsning genom att acceptera Herren. De gläder sig när Guds rike expanderar. "[Gud] som vill att alla människor skall bli frälsta och komma till insikt om sanningen" (1 Timoteusbrevet 2:4).

Det finns dock en del troende som är svartsjuka på andra när de evangeliserar många människor och bär stor frukt. En del kyrkor är svartsjuka på andra kyrkor när de växer och ger ära till Gud. Det är inte att ha sin glädje i sanningen. Om vi har andlig kärlek i våra hjärtan kommer vi glädja oss när vi ser Guds rike uppnås med kraft. Vi kommer att glädja oss tillsammans när vi ser en församling som växer och som är älskad av Gud. Detta är att ha sin glädje i sanningen, vilket är att ha sin glädje i evangeliet.

För det andra betyder att ha sin glädje i sanningen att man

gläder sig över allt som har med sanningen att göra.

Det är att glädja sig över att se, höra och göra det som har med sanningen att göra som till exempel godhet, kärlek och rättvisa. De som har sin glädje i sanningen blir berörda och gråter när de hör om enkla goda gärningar. De erkänner att Guds Ord är sanningen och att det är ljuvligare än honung. Därför gläder de sig när de hör predikningar och älskar att läsa Bibeln. De finner också glädje i att praktisera Guds Ord. De lyder Guds Ord som säger till oss att "tjäna, förstå och förlåta" med glädje, även mot dem som ställer till med svårigheter för dem.

David älskade Gud och ville bygga Guds tempel. Men Gud lät honom inte göra det. Orsaken finns nedskriven i 1 Krönikeboken 28:3. "Du skall inte bygga ett hus åt mitt namn, ty du är en stridsman och har utgjutit blod." Det var oundvikligt för David att utgjuta blod eftersom han deltog i många krig, men Gud ansåg det inte vara lämpligt att David byggde templet.

David fick inte bygga templet själv men han förberedde allt som behövdes för att bygga det så att hans son Salomo skulle kunna bygga det. David förberedde allt material med hela sin styrka och att göra det fyllde honom med överväldigande glädje. "Då gladde sig folket över deras frivilliga gåvor, ty av hängivet hjärta bar de fram sina frivilliga gåvor åt HERREN. Också kung David gladde sig mycket" (1 Krönikeboken 29:9).

De som har sin glädje i sanningen kommer på liknande sätt att glädja sig när det går bra för andra människor. De är inte svartsjuka. Det är otänkbart för dem att tänka onda tankar som till exempel "hoppas något går fel för den personen" eller att känna sig väl till mods när andra människor är olyckliga. När de ser något orättfärdigt hända sörjer de istället över det. De som gläder sig över sanningen kan också älska med godhet, med ett oföränderligt hjärta, och med sanning och integritet. De gläder sig över goda ord och goda handlingar. Gud gläder också sig över dem med jubelrop som det står i Sefanja 3:17, "HERREN, din Gud, bor i dig, en hjälte som frälsar. Han gläder sig över dig med lust, han tiger stilla i sin kärlek, han fröjdas över dig med jubel."

Även om du inte hela tiden kan ha din glädje i sanningen behöver du inte tappa modet eller bli besviken. Om du försöker ditt bästa kommer kärlekens Gud att se dina försök som att du "har din glädje i sanningen."

För det tredje, att ha sin glädje i sanningen är att tro på Guds Ord och försöka praktisera det.

Det är sällsynt att finna en person som från början endast har sin glädje i sanningen. Så länge vi har mörker och osanning i oss, kan vi tänka onda tankar eller så gläder vi oss över orättfärdigheten också. Men allt eftersom vi förändras och gör oss av med det osanna hjärtat kan vi glädja oss över sanningen helt och hållet. Till dess måste vi försöka ordentligt.

Det är till exempel inte alla som tycker om att gå på gudstjänsterna. Så kan det vara för nya troende eller de som har svag tro, de kan känna sig trötta eller ha sina tankar någon annanstans. De kanske tänker på sportresultat eller är nervösa inför ett affärsmöte de ska ha nästa dag.

Men att komma till kyrkan och vara med på gudstjänsten är ett försök att lyda Guds Ord. Det är att ha sin glädje i sanningen. Varför fortsätter vi så här? För att ta emot frälsning och komma till himlen. Eftersom vi har hört sanningens Ord och vi tror på Gud, tror vi också att det kommer en dom, och att himlen och helvetet existerar. Eftersom vi vet att det kommer att bli olika belöningar i himlen försöker vi än mer uthålligt att helgas och arbeta troget i hela Guds hus. Även om vi inte har vår glädje till 100 % i sanningen är det ändå att ha sin glädje i sanningen att göra sitt bästa inom det mått av tro man har fått.

Hunger och törst efter sanningen

Det borde vara så naturligt för oss att glädja oss över sanningen. Bara sanningen ger oss evigt liv och kan förvandla oss helt och hållet. Om vi hör sanningen, nämligen evangeliet, och praktiserar det, kommer vi få evigt liv och bli Guds sanna barn. Och eftersom vi är fyllda med hopp om himmelriket och med andlig kärlek skiner våra ansikten av glädje. Och efter hur mycket vi har förändrats till sanning, kommer vi att vara lyckliga för vi är älskade och välsignade av Gud, och också älskade av många människor.

Vi borde alltid glädja oss med sanningen och vidare hungra och törsta efter sanningen. Om du hungrar och törstar kommer du verkligen vilja ha mat och dryck. När vi längtar efter sanningen längtar vi så ivrigt efter den att vi kan snabbt kan förvandlas till en människa fylld av sanning. Vi måste leva ett liv där vi alltid äter och dricker sanningen. Vad är det att äta och dricka sanningen? Det är att bevara Guds Ord, sanningen, i våra hjärtan och praktisera det.

Om vi står framför någon vi älskar så mycket är det svårt att dölja lyckan i vårt ansikte. Det är på samma sätt när vi älskar Gud.

För tillfället kan vi inte stå inför Gud ansikte mot ansikte, men om vi verkligen älskar Gud kommer det att synas på utsidan. Därför blir vi glada och lyckliga när vi ser eller hör något som rör sanningen. Folk runt omkring oss kommer inte att kunna undgå att se våra lyckliga ansikten. Bara genom att tänka på Gud och Herren kommer tårarna börja rinna och våra hjärtan blir berörda av att bara se lite goda gärningar.

Tårarna som hör till godheten, som tårar av tacksamhet och tårar av sorg för andra själar kommer bli som sköna juveler senare som smyckar var och ens hus i himlen. Låt oss ha vår glädje i sanningen så att våra liv blir fulla av bevis på att vi är älskade av Gud.

Den andliga kärlekens kännetecken II

6. Den uppför sig inte illa

7. Den söker inte sitt

8. Den brusar inte upp

9. Den tillräknar inte det onda

10. Den gläder sig inte över orättfärdigheten

11. Den har sin glädje i sanningen

12. Kärleken fördrar allting

När vi accepterar Jesus Kristus och försöker leva efter Guds Ord, finns det mycket som vi behöver stå ut med. Vi måste ha fördrag med provocerande situationer. Vi måste också träna upp vår självkontroll när det gäller vår tendens att följa våra egna begär. Det är därför som det första beskrivande kännetecknet på kärleken är att den är tålig.

Att ha tålamod handlar om den kamp som pågår på insidan och som man upplever när man försöker göra sig av med osanningar i hjärtat. Att "fördra allting" har en bredare betydelse. Efter att vi kultiverar sanning i våra hjärtan genom tålamod, måste vi fördra all smärta som kan komma vår väg på grund av andra människor. Det gäller speciellt att stå ut med sådant som inte är i enlighet med andlig kärlek.

Jesus kom till denna jord för att frälsa syndarna, och hur behandlade man Honom? Han gjorde enbart det som var gott och ändå hånade, förkastade och föraktade man Honom. Till slut korsfäste man Honom. Trots detta hade Jesus fördrag med alla människor och offrade till och med förbön för dem hela tiden. Han bad för dem och sade, "Fader, förlåt dem, ty de vet inte vad de gör" (Lukas 23:34)

Vad resulterade Jesu fördragsamhet och kärlek till alla människor i? Jo, den som accepterar Jesus som sin personlige Frälsare kan nu ta emot frälsning och bli Guds barn. Vi blev fria från döden och har fått evigt liv.

Ett koreanskt ordspråk säger, "Mal en nål av en yxa." Det

betyder att man med tålamod och uthållighet kan uppnå och slutföra vilken svår uppgift som helst. Hur mycket tid och kraft krävs det inte för att mala en yxa av stål till en vass nål? Det ser ut som ett omöjligt uppdrag och man kanske undrar, "Varför säljer du inte bara yxan och köper nålar?"

Men Gud har villigt tagit på sig ett sådant arbete för Han är herre över vår ande. Gud är sen till vrede och har alltid fördrag med oss och visar oss barmhärtighet och medlidande eftersom Han älskar oss. Han trimmar och polerar människorna även om deras hjärtan är hårda som stål. Han väntar på att de ska bli Hans sanna barn, även om det inte verkar se ut som om de någonsin kommer att bli det.

Ett brutet strå skall han inte krossa, och en rykande veke skall han inte släcka, förrän han har fört rätten till seger (Matteus 12:20).

Även idag har Gud fördrag med all smärta när Han ser vad människorna gör och väntar på oss med glädje. Han har varit tålmodig med människorna, väntat på dem att förändras genom godheten även fast de har agerat i ondska under flera tusen år. Även fast de har vänt sig bort från Gud och tjänat avgudar, har Gud visat dem att Han är den sanne Guden och har i tro haft fördrag med dem. Om Gud skulle säga, "Du är full av orättfärdighet och hjälplös. Jag kan inte stå ut med dig längre", hur många människor skulle då bli frälsta?

Som det står i Jeremia 31:3, "Med evig kärlek har jag älskat dig, därför låter jag min nåd förbliva över dig" leder Gud oss med sin eviga, gränslösa kärlek.

Under min tjänst som pastor i en stor församling har jag fått lära mig Guds tålamod till en viss nivå. Det har funnits människor med många missgärningar eller tillkortakommanden, men när jag har sett på dem och känt Guds hjärta för dem, har det alltid varit med trons ögon för vad de en dag kan förändras till och på det sättet ära Gud. När jag har haft tålamod med dem gång efter annan och med tro på dem, har många församlingsmedlemmar vuxit upp och blivit goda ledare.

Och varje gång glömmer jag snart bort den tid jag har haft fördrag med dem, och det känns som det var ett ögonblick i tiden. I 2 Petrus brev 3:8 står det, "Men glöm inte detta, mina älskade, att en dag för Herren är som tusen år och tusen år som en dag" och jag kunde förstå vad den här versen betydde. Gud har fördrag med allting under oerhört lång tid och ändå anser Han att den tiden är blott en flyktig tid. Låt oss förstå denna kärlek som Gud har och med den älska alla runt omkring oss.

13. Kärleken tror allting

Om du verkligen älskar någon kommer du tro allt gott om den personen. Även om personen har några tillkortakommanden kommer du ändå försöka tro gott om honom. En man och en fru är bundna tillsammans av kärlek. Om ett gift par inte har kärlek betyder det att de inte litar på varandra, därför bråkar de över minsta lilla sak och tvivlar på allt som har med deras make eller maka att göra. I allvarliga fall har de till och med misstankar om otrohet och orsakar fysisk och psykisk smärta för den andre. Om de verkligen älskar varandra kommer de att lita på varandra helt och fullt och de kommer att tro att deras make eller maka är en god person och så småningom kommer att göra gott. När de har satt sin tro till det, blir deras make eller maka framgångsrik eller duktig på det som de gör.

Förtröstan och tro kan vara en standard mot vilken man mäter kärlekens styrka. Att tro på Gud är med andra ord att älska Honom fullständigt. Abraham, trons fader, kallades Guds vän. Utan att tveka lydde Abraham Guds befallning som sa åt honom att offra hans ende son Isak. Han kunde göra det eftersom han trodde helt och fullt på Gud. Gud såg hans tro och bekände sig till hans kärlek.

Att älska är att tro. De som älskar Gud helt kommer också att tro på Honom helt. De tror till 100 % på alla Guds ord. Och eftersom de tror på allt har de också fördrag med allt. För att ha fördrag med allt som är emot kärleken, måste vi tro. Bara när vi kan tro alla Guds ord, kan vi hoppas på allt och omskära våra hjärtan för att göra oss av med allt som är emot kärleken.

Det är givetvis inte så att vi började tro på Gud eftersom vi älskade Honom. Gud älskade oss först, och genom att vi tror på det, har vi kommit att älska Gud. Hur älskade Gud oss? Han gav oss sin enfödde Son, till oss som var syndare, för att öppna vägen till frälsning.

Till en början var det så att vi började älska Gud för att vi trodde på att Han älskade oss, men om vi kultiverar andlig kärlek, kommer vi att nå en nivå där vi tror fullständigt för att vi älskar Gud. Om vi har kultiverat andlig kärlek helt och fullt har vi redan har gjort oss av med all osanning från hjärtat. Om vi inte har någon osanning i hjärtat kommer vi att få andlig tro från ovan med vilken vi kan tro från djupet av våra hjärtan. Då kommer vi aldrig kunna tvivla på Guds Ord och vår förtröstan på Gud kan aldrig skakas. Om vi kultiverar andlig kärlek helt och hållet kommer vi också kunna tro gott om alla människor. Inte för att det går att lita på alla människor, men trots att de är fulla av missgärningar och har många tillkortakommanden, ser vi på dem med trons ögon.

Vi behöver vara villiga att tro gott om varje slags person. Vi måste tro gott om oss själva också. Även om vi har många tillkortakommanden, måste vi ha tro på att Gud kommer att förändra oss, och vi måste också se på oss själva med trons ögon att vi snart kommer att förändras. Den Helige Ande säger hela tiden till oss i hjärtat, "Du kan klara det. Jag ska hjälpa dig." Om du tror på denna kärlek och bekänner, "Jag kan göra det, jag kan förändras" då kommer Gud göra det i enlighet med din bekännelse och tro. Så underbart det är att tro!

Gud tror också gott om oss. Han tror att var och en av oss ska lära känna Hans kärlek och komma in på vägen till frälsning. Eftersom Han såg på oss med trons ögon kunde Han offra sin enfödde Son Jesus på korset. Gud tror att även de som ännu inte känner till eller tror på Herren kommer bli frälsa och komma till Guds sida. Han tror att de som redan har accepterat Herren kommer att förändras till sådana barn som efterliknar Honom väldigt mycket. Låt oss tro gott om alla människor med den kärlek som Gud har.

14. Kärleken hoppas allting

Följande ord står skrivna på en av gravstenarna i Westminster Abbey i Storbritannien, "Under min ungdom ville jag förändra världen men kunde inte. I medelåldern försökte jag förändra min familj men kunde inte. Just innan min död insåg jag att jag kanske hade kunnat förändra allt det där om bara jag själv hade förändrats."

Oftast försöker man förändra någon annan om man inte gillar något med den personen. Men det är nästan omöjligt att förändra andra människor. Somliga gifta par bråkar om småsaker som hur man ska klämma på tandkrämstuben, uppifrån eller nerifrån. Vi måste först förändra oss själva innan vi försöker förändra andra. Och sedan kan vi med kärlek till dem, vänta på att de ska förändras, med ett äkta hopp om att de kommer förändras.

Att hoppas allting är att längta och vänta på allt som man tror på ska förverkligas. Det betyder att om vi älskar Gud kommer vi tro varje Guds Ord och hoppas att allt kommer ske enligt Hans Ord. Du hoppas på den dagen då du kommer få dela din kärlek med Gud Fadern för evigt i det vackra himmelriket. Det är därför du har fördrag med allt för att kunna löpa ditt lopp i tro. Men hur skulle det vara om det inte fanns något hopp?

De som inte tror på Gud kan inte ha något hopp om himmelriket. Det är därför de bara lever efter sina egna begär, för de har inget hopp om framtiden. De försöker vinna mer och mer och kämpa för att få det de vill ha. Men oavsett hur mycket de har och njuter av, kan de ändå inte få sann tillfredsställelse. De lever sina liv med fruktan för framtiden.

De som tror på Gud hoppas å andra sidan allting, därför går de på den smala vägen. Varför säger vi att det är en smal väg? Det betyder att den är smal i de otroendes ögon, de som inte tror på Gud. När vi accepterar Jesus Kristus och blir Guds barn, är vi i kyrkan på gudstjänsterna hela söndagen, utan att ta del av några världsliga nöjen. Vi arbetar för Guds rike som frivilliga och ber för att leva efter Guds Ord. Sådant är svårt att göra utan tro, och det är därför vi säger att det är en smal väg.

I 1 Korinterbrevet 15:19 säger aposteln Paulus, "Om vi i detta livet sätter vårt hopp endast till Kristus, och han inte har uppstått, då är vi de mest beklagansvärda av alla människor." Med köttsliga ögon är ett liv i fördragsamhet och hårt arbete fyllt av bördor. Men om vi hoppas allting är denna väg lyckligare än någon annan väg. Om vi är tillsammans med dem som vi älskar så mycket, kommer vi känna oss lyckliga även om vi är i ett nedslitet hus. Och blotta tanken på att vi kommer leva med vår käre Herre för evigt i himlen gör oss så lyckliga! Vi är upprymda och glada av blotta tanken på det. På det här sättet, med sann kärlek, kan vi oföränderligt vänta och hoppas tills det vi tror på blir verkligt.

Att se fram emot allt med tro är väldigt kraftfullt. Låt oss till exempel säga att ett av dina barn tappar fokus och slutar studera. Om du har tro på honom och säger att han kan klara av det, och ser på honom med hoppets ögon att han kan förändras, kan till och med det barnet förändras till ett gott barn efter en tid. Föräldrarnas tro på barnen kommer att stimulera förbättring och självförtroende hos barnen. De barn som har självförtroende kommer tro att de kan klara av vad som helst, de kommer att kunna övervinna svårigheter, och sådana attityder kommer också påverka deras akademiska framgångar positivt.

Det är på samma sätt när vi bryr oss om själarna i församlingen. Vi får inte i något enda fall dra slutsatser om någon person. Vi får inte tappa mordet och tänka, "Det verkar som om det är väldigt svårt för den personen att förändras" eller "hon är fortfarande den samma." Vi måste se på alla med hoppets ögon att de snart kommer att förändras och smältas ner av Guds kärlek. Vi måste fortsätta att be för dem och uppmuntra dem genom att säga och tro, "Du kan göra det!"

15. Kärleken uthärdar allting

1 Korinterbrevet 13:7 säger, "Kärleken fördrar allting, den tror allting, den hoppas allting, den uthärdar allting." Om du älskar kan du uthärda allting. Vad betyder det då att "uthärda allting"? När vi fördrar allting som inte är i enlighet med kärleken, kommer det att komma efterdyningar av det. När en vind sveper in över en sjö eller ett hav blir det vågor. Även efter att vinden mojnat finns det krusningar kvar på ytan. Även om vi fördrar allting, tar det inte slut när vi har haft fördragsamhet med något Det kommer att komma efterdyningar från det.

Jesus sade till exempel i Matteus 5:39, "Jag säger er: Stå inte emot den som är ond, utan om någon slår dig på den högra kinden, så vänd också den andra åt honom." Som det står ska du alltså inte slå tillbaka om någon slår dig på den högra kinden, utan bara stå ut med det. Tar det slut då? Nej, det kommer efterdyningar. Du kommer känna smärta. Din kind kommer göra ont, men smärtan i hjärtat kommer vara större. Det finns självklart många orsaker till varför man känner smärta i sitt hjärta. Någon har smärta i hjärtat eftersom han tror att han blev slagen utan orsak och därför blir han arg. Men en annan kanske har smärta i hjärtat för att han känner sig ledsen över att han gjorde den andra personen arg. Ytterligare en annan kanske tycker synd om personen som inte kan bevara sitt temperament utan istället för att använda sina upprörda känslor på ett mer konstruktivt och lämpligt sätt uttrycker det fysiskt.

Efterdyningarna av att ha fördrag med något kan också komma som yttre omständigheter. Någon slog dig till exempel på den högra kinden. Så du vände andra kinden till eftersom Ordet säger det. Då slår han dig på den vänstra kinden också. Du härdade ut i enlighet med Ordet, men situationen verkade eskalera och bli värre istället.

Så var det med Daniel. Han kompromissade inte trots att han visste att han skulle bli kastad i lejongropen. Eftersom han älskade Gud upphörde han aldrig att be ens i livshotande situationer. Han handlade inte heller med ondska mot de som försökte döda honom. Så eftersom han härdade ut i enlighet med Guds Ord blev allt förändrat till det bättre för honom? Nej. Han kastades ju i lejongropen!

Vi kan tycka att alla prövningar borde försvinna om vi står ut med det som inte är i enlighet med kärleken. Vad är då orsaken till att mer prövningar kommer? Det är i Guds omsorgsfulla plan att göra oss fullkomliga och ge oss förunderliga välsignelser. Fältet kommer att bära starka fina skördar för att det står ut med regn, vind och stekande solsken. Det är Guds omsorgsfulla plan att vi ska förvandlas till Guds sanna barn genom prövningar.

Prövningar är välsignelser

Fienden djävulen och Satan stör Guds barn när de försöker bo i Ljuset. Satan försöker alltid att hitta något att anklaga människorna för, och om de uppvisar minsta fel kommer Satan att anklaga dem. Ett exempel är när någon handlar ont emot dig och du står ut med det på utsidan, men inuti känner du dig arg på personen. Fienden djävulen och Satan vet om detta och kommer med anklagelser mot dig för att du känner det så. Då måste Gud tillåta prövningar på grund av anklagelsen. Inte förrän vi har fått ett erkännande att vi inte har någon ondska i våra hjärtan, kommer prövningarna kallas "renande prövningar." Även efter att vi har gjort oss av med alla synder och blivit fullständigt helgade kan det komma prövningar. Dessa prövningar är till för att ge oss större välsignelser. Genom detta kommer vi inte bara vara på en nivå där vi inte har någon ondska utan också kunna kultivera större kärlek och mer fullkomlig godhet där vi inte har någon fläck eller skrynkla alls.

Denna princip är inte bara tillämpbar för personliga välsignelser utan också när vi försöker uppnå Guds rike. För att Gud ska visa stora gärningar måste ett mått på rättvisans skala vara uppfyllt. Genom att uppvisa stor tro och kärleksgärningar kan vi bevisa att vi har kärlet som kan ta emot svaret, så att fienden djävulen inte kan säga något emot det.

Därför tillåter Gud ibland prövningar för oss. Om vi håller ut med godhet och kärlek kommer Gud låta oss ge ära till Honom ännu mer med större segrar och Han ger oss större belöningar. Särskilt om du övervinner förföljelser och svårigheter på grund av Herren, kommer du ta emot stora välsignelser. "Saliga är ni, när människor hånar och förföljer er, ljuger och säger allt ont om er för min skull. Gläd er och jubla, ty er lön är stor i himlen. På samma sätt förföljde man profeterna före er" (Matteus 5:11-12).

Att bära, tro, hoppas och uthärda allting

Om du tror allting och hoppas allting med kärlek kan du övervinna vilken prövning som helst. Så mer specifikt, hur ska vi kunna tro, hoppas och uthärda allting?

För det första, vi måste sätta tro till Guds kärlek ända till slutet, även under prövningar.

1 Petrus brev 1:7 säger, "Äktheten i er tro är långt värdefullare än guld som är förgängligt, fastän det håller provet i eld, och den tron skall visa sig bli till lov, pris och ära, när Jesus Kristus uppenbarar sig." Han renar oss så att vi kommer hålla provet att kunna bli till lov, pris och ära när våra liv är över här på jorden.

Om vi också lever i enlighet med Guds Ord helt och hållet utan att kompromissa med världen kan det hända att vi ibland får möta orättvisa lidanden. Varje gång måste vi tro att vi tar emot särskild kärlek från Gud. I stället för att bli besvikna kommer vi vara tacksamma eftersom Gud leder oss till en bättre boplats i himlen. Vi måste också ha tro till Guds kärlek, och ha tro ända till slutet. Vi kommer att uppleva viss smärta i trons prövningar.

Om smärtan är allvarlig och pågår under lång tid kanske vi tänker, "Varför hjälper Gud mig inte? Älskar han mig inte längre?" Men i dessa tider måste vi komma ihåg Guds kärlek ännu mer och hålla ut i prövningarna. Vi måste tro att Gud Fadern vill leda oss till en bättre boplats i himlen eftersom Han älskar oss. Om vi håller ut till slutet kommer vi till slut bli fullkomliga Guds barn. "Men låt er uthållighet visa sig i fullbordad gärning, så att ni är fullkomliga och hela, utan brist i något avseende" (Jakobs brev 1:4).

För det andra, för att uthärda allting måste vi tro att prövningarna är en genväg till vårt hopp.

Romarbrevet 5:3-4 säger, "Men inte bara det, vi jublar också mitt i våra lidanden, eftersom vi vet att lidandet ger tålamod, tålamodet fasthet och fastheten hopp." Lidander som det talas om här är som en genväg till det vi hoppas på. Du kanske tänker, "Å, när kommer jag förändras?" men om du håller ut och fortsätter förändra dig gång på gång, lite i taget, kommer du till slut bli ett sant och fullkomligt Guds barn som liknar Honom.

När därför en prövning kommer ska du inte försöka undkomma den utan försöka gå igenom den med all kraft. Det är naturens lag och en helt normal önskan hos en människa att ta den lättare vägen. Men om vi försöker komma undan prövningarna kommer vår resa bara bli längre. Det kan till exempel finnas en person som hela tiden och i allt verkar ge dig problem. Du visar det inte öppet men du känner dig illa till mods när du möter personen. Därför vill du bara undvika honom. I den här situationen ska du inte bara försöka ignorera situationen utan istället måste du aktivt övervinna den. Du måste uthärda svårigheterna du har med honom och kultivera hjärtat så att du verkligen kan förstå och förlåta personen. Då kommer Gud ge dig nåd och du kommer att förändras. På samma sätt kommer varje prövning bli ett trappsteg för att komma högre upp och en genväg på din väg till ditt hopps uppfyllande.

För det tredje, för att uthärda allting får vi bara göra gott.

När man mött efterdyningar till och med efter att man har hållit ut i enlighet med Guds Ord, brukar människor vanligtvis klaga mot Gud. De klagar och säger, "Varför vill inte den här situationen förändras ens efter att jag har handlat i enlighet med Ordet?" Alla trosprövningar kommer till oss från fienden djävulen och Satan. Prövningar och svårigheter är nämligen strider mellan gott och ont.

För att vinna seger i denna andliga strid måste vi strida efter de regler som finns i den andliga världen. Lagen i andevärlden säger att godhet vinner till slut. Romarbrevet 12:21 säger, "Låt dig inte besegras av det onda utan besegra det onda med det goda." Om vi handlar med godhet på detta sätt kan det verka som om vi förlorar för stunden, men i själva verket är det motsatsen. Det är för att den rättvisa och goda Guden kontrollerar mänsklighetens lycka och olycka, liv och död. När vi därför möter prövningar, tester och förföljelse får vi bara handla i godhet.

Ibland möter troende förföljelser från otroende familjemedlemmar. I sådana fall kan den troende tänka, "Varför är min make så ond? Varför är min fru så ond?" Men då kommer prövningen bara bli större och vara längre. Vad är att göra det goda i denna situation? Du måste be med kärlek och tjäna dem i Herren. Du måste bli ljuset som skiner över din familj.

Om du bara gör gott mot dem, kommer Gud göra sitt verk i den tid Han ser som lämplig. Han kommer att driva bort fienden djävulen och Satan och beröra dina familjemedlemmars hjärtan också. Alla problem kommer att lösas när du handlar i godhet efter Guds regler. Det kraftfullaste vapnet i andlig strid är inte mänsklig vishets kraft utan Guds godhet. Låt oss därför hålla ut, bara med godhet, och göra gott.

Finns det någon omkring dig som du tycker är svår att umgås med och svår att stå ut med? En del gör misstag hela tiden, orsakar skada och skapar svårigheter för andra. Somliga klagar mycket och blir surmulna över småsaker. Men om du kultiverar sann kärlek i dig kommer det inte finnas någon som du inte kan stå ut med. Det är för att du kommer älska andra som dig själv, precis som Jesus sa till oss att vi skulle älska vår nästa som oss själva (Matteus 22:39).

På samma sätt förstår Gud Fadern oss och står ut med oss. Medan du kultiverar denna kärlek i dig är du som ett ostron med en pärla inom sig. När ett främmande objekt som sand, sjögräs eller en bit av skalet fastnar mellan skalet och ostronets kropp, börjar det förvandlas till en dyrbar pärla! Om vi på samma sätt kultiverar andlig kärlek, kommer vi gå igenom pärleporten och gå in i Nya Jerusalem där Guds tron står.

Bara tänk dig den dag då du kommer gå igenom pärleportarna och bli påmind om ditt liv på denna jord. Då ska vi kunna bekänna inför Fader Gud, "Tack för att du hade fördragsamhet med mig, att du trodde på mig, och stod ut med mig i allting", för Han kommer att ha format våra hjärtan lika vackra som pärlorna.

Den andliga kärlekens kännetecken III

12. Den fördrar allting

13. Den tror allting

14. Den hoppas allting

15. Den uthärdar allting

//Kapitel 3 — Fullkomlig kärlek//

Fullkomlig kärlek

"Kärleken upphör aldrig. Men profetiorna skall upphöra och tungomålstalen skall tystna och kunskapen skall förgå. Ty vi förstår till en del och profeterar till en del, men när det fullkomliga kommer, skall det förgås som är till en del. När jag var barn, talade jag som ett barn, tänkte jag som ett barn, och förstod som ett barn. Men sedan jag blivit man, har jag lagt bort det barnsliga. Nu ser vi en gåtfull spegelbild, men då skall vi se ansikte mot ansikte. Nu förstår jag endast till en del, men då skall jag känna fullkomligt, liksom jag själv har blivit fullkomligt känd. Nu består tron, hoppet och kärleken, dessa tre, men störst av dem är kärleken."

1 Korinterbrevet 13:8-13

Om du fick ta med dig en sak till himlen, vad skulle det då vara? Guld? Diamanter? Pengar? Allt detta är värdelöst i himlen. I himlen är gatorna som du går på gjorda av rent guld. Det Fadern har förberett i de himmelska boplatserna är så vackert och dyrbart. Gud förstår våra hjärtan och förbereder det bästa med hela sin kraft. Men det finns en sak som vi kan ta med oss från denna jord och som kommer vara så värdefullt i himlen också. Det är kärlek. Det är den kärlek som kultiverats i våra hjärtan medan vi levde i den här världen.

Kärlek behövs i himlen också

När den mänskliga kultiveringen är över och vi kommer till himmelriket kommer allt på jorden försvinna (Uppenbarelseboken 21:1). Psaltaren 103:15 säger, "En människas dagar är som gräset, hon blomstrar som markens blommor." Även sådant som inte kan tas på som rikedom, berömmelse och makt kommer också försvinna. All synd och allt mörker som hat, bråk, avundsjuka och svartsjuka kommer försvinna.

Men 1 Korinterbrevet 13:8-10 säger, "Kärleken upphör aldrig. Men profetiorna skall upphöra och tungomålstalen skall tystna och kunskapen skall förgå. Ty vi förstår till en del och profeterar till en del, men när det fullkomliga kommer, skall det förgås som är till en del."

Profetisk gåva, tungomålstal och kunskap i Gud är alla andliga ting, så varför kommer det att upphöra? Himlen är i den andliga världen och är en fullkomlig plats. I himlen kommer vi känna allt tydligt. Även om nu vi kommunicerar tydligt med Gud och profeterar, är det helt annorlunda mot att förstå allt i himmelriket i framtiden. Då kommer vi tydligt kunna förstå Gud Faderns hjärta och Herrens, så profetiorna kommer inte längre behövas.

På samma sätt är det med tungomålstalen. Tungomålstalen handlar om olika språk. Nu har vi många olika språk på jorden, så för att tala med någon som har ett annat språk måste vi först lära oss det språket. På grund av kulturella skillnader tar det mycket tid och kraft för att kunna dela med oss av vad vi har i våra hjärtan och tankeliv. Även om vi talar samma språk, kan vi inte helt förstå andra människors hjärtan och tankar. Även om vi talar språket flytande och kan svåra ord går det ändå inte att förstå helt och hållet vad någon tänker eller känner i hjärtat. På grund av orden kan det uppstå missförstånd och bråk. Det finns också många misstag i orden.

Men om vi kommer till himlen kommer vi inte behöver oroa oss över sådant. Det finns bara ett språk i himlen. Därför behöver man inte oroa sig över att inte kunna förstå andra. Eftersom det goda hjärtat syns som det verkligen är, kommer det inte heller uppstå missförstånd eller förutfattade meningar.

På samma sätt är det med kunskapen. Kunskapen här handlar om kunskapen i Guds Ord. När vi lever på den här jorden lär vi oss ivrigt Guds Ord. Genom de 66 böckerna i Bibeln lär vi oss hur vi kan bli frälsta och få evigt liv. Vi lär oss om Guds vilja, men det är bara en del av Guds vilja, vilket bara handlar om vad vi behöver göra för att komma till himlen.

Vi hör och lär oss och praktiserar ord som "Älska varandra", "Var inte avundsjuk eller svartsjuk" och så vidare. Men i himlen finns det bara kärlek så därför behöver vi inte den här kunskapen heller. Trots att de är andliga ting kommer till och med profetian, tungomålstalet och all kunskap till slut att upphöra. Det är för att de bara behövs tillfälligt i den här fysiska världen.

Därför är det viktigt att känna till sanningens Ord och lära oss om himlen, men det är ännu viktigare att kultivera kärlek. Efter den grad vi omskär våra hjärtan och kultiverar kärlek kan vi komma till en bättre boplats i himlen.

Kärlek är för evigt dyrbar

Kom ihåg första gången du kände kärlek. Så lycklig du var! Man brukar säga att man är förblindad av kärlek om man verkligen älskar någon för man ser bara det goda som är med den personen och allt i världen ser så vackert ut. Solskenet verkar lysa starkare än någonsin, och man känner dofter i luften. Det finns forskning som hävdar att de delar i hjärnan som kontrollerar negativa och kritiska tankar är mindre aktiva hos dem som är förälskade. Om du på samma sätt är fylld av kärlek till Gud i ditt hjärta kommer du vara så lycklig att du inte ens kommer komma ihåg att äta. I himlen kommer denna glädje vara för evigt.

Våra liv på denna jord är som ett barns liv jämfört med det liv vi kommer ha i himlen. Ett barn som just har lärt sig att tala kan bara säga några lätta ord som "mamma" och "pappa." Han kan inte uttrycka särskilt mycket konkret i detalj. Barn kan inte heller förstå de komplexa tingen i världen som vuxna kan. Barn talar, förstår och tänker inom ramarna för deras kunskap och förmåga som barn. De har inte en rätt förståelse för pengars värde så om de får välja mellan ett mynt och en sedel kommer de normalt ta myntet. Det är för att de har sett att mynten är värda något eftersom de har använt dem för att köpa en klubba eller något annat godis, men de har ingen aning om värdet som sedeln har.

På liknande sätt är vår förståelse om himlen medan vi lever på den här jorden som barnets. Vi vet att himlen är en underbar plats, men det är svårt att uttrycka hur underbar den faktiskt är. I himmelriket finns det inga begränsningar, så skönhet kan uttryckas till sin fulla grad. När vi kommer till himlen kommer vi också kunna förstå den obegränsade och mystiska andevärlden och de principer som allt fungerar efter. Det står i 1 Korinterbrevet 13:11, "När jag var barn, talade jag som ett barn, tänkte jag som ett barn, och förstod jag som ett barn. Men sedan jag blivit man, har jag lagt bort det barnsliga."

I himmelriket finns det inget mörker, ingen oro eller ångest. Bara godhet och kärlek existerar. Därför kan vi uttrycka vår kärlek och tjäna andra så mycket vi vill. På det här området är det stor skillnad mellan den fysiska världen och den andliga världen. Även här på jorden finns det en stor skillnad i människors förståelse och tankar efter det mått av tro som var och en har.

I 1 Johannes brev kapitel 2 står det om nivåer av tro som kan liknas vid den som barn, unga män och fäder har. För de som befinner sig på nivån av tro som barn är de som barn i anden. De kan inte riktigt förstå djupa andliga ting. De har endast en liten styrka till att praktisera Ordet. Men när de blir unga män och fäder förändras deras ord, tänkande och handlade. De har mer förmåga att praktisera Guds Ord och kan vinna striden mot mörkrets makter. Men även om vi når upp till fäders tro här på jorden, kan man fortfarande säga att det är som ett barns nivå jämfört med hur det kommer bli när vi kommit in i himmelriket.

Vi kommer känna fullkomlig kärlek

Barndomen är en tid av förberedelser för vuxenlivet, och på samma sätt är livet på denna jord som en tid av förberedelse för det eviga livet. Och denna värld är som en skugga jämfört med det eviga himmelriket och kommer att förgås. Skuggan är ingen riktig varelse. Den är med andra ord inte verklig. Det är bara en bild som liknar det verkliga.

Kung David välsignade HERREN inför hela församlingen och sade, "Ty vi är främlingar hos dig och gäster som alla våra fäder. Som en skugga är våra dagar på jorden, och utan hopp" (1 Krönikeboken 29:15).

När vi ser på ett tings skugga kan vi förstå tingets skepnad. Denna fysiska värld är också som en skugga som ger oss en liten föraning om den eviga världen. När skuggan, som är livet på denna jord, upphör, kommer det verkliga bli tydligt uppenbarat. Just nu ser vi den andliga världen vagt och gåtfullt, som om vi såg in i en spegel. Men när vi kommer till himmelriket kommer vi förstå tydligt liksom man ser en person ansikte mot ansikte.

I 1 Korinterbrevet 13:12 läser vi, "Nu ser vi en gåtfull spegelbild, men då skall vi se ansikte mot ansikte. Nu förstår jag endast till en del, men då skall jag känna fullkomligt, liksom jag själv blivit fullkomligt känd." Apostlen Paulus skrev detta Kärlekskapitel för ungefär 2 000 år sedan. På den tiden var speglarna inte lika tydliga som de är nu. Speglarna gjordes inte av glas. De var gjorda av silver, brons eller stål och man polerade metallen för att den skulle reflektera ljuset. Därför var en spegel otydlig. Det finns naturligtvis människor som ser och känner himmelriket mycket tydligare eftersom deras andliga ögon är öppnade. Ändå kan vi bara ana himlens skönhet och lycka på ett otydligt sätt.

När vi senare kommer in i det eviga himmelriket kommer vi tydligt se varje detalj i riket och även uppleva det. Vi kommer att få lära oss om Guds storhet, mäktighet och skönhet som är mer än vad man med ord kan beskriva.

Av tron, hoppet och kärleken är kärleken den största

Tro och hopp är väldigt nödvändigt för att vår tro ska växa. Vi kan bara bli frälsta och komma till himlen när vi har tro. Vi kan bara bli Guds barn genom tro. Eftersom vi bara kan få frälsning, evigt liv och himmelriket genom tro är tron väldigt dyrbar. Alla skatters skatt är tron; den är nyckeln till att ta emot svar på våra böner.

Hur är det med hoppet? Hoppet är också dyrbart; vi tar tag i bättre boplatser i himlen genom att ha tro. Om vi därför har tro kommer vi också att ha hopp. Om vi verkligen tror på Gud och himlen och helvetet, kommer vi ha hopp om himlen. Om vi har hopp kommer vi försöka att bli helgade och arbeta trofast för Guds rike. Tro och hopp är ett måste tills vi når himmelriket. Men 1 Korinterbrevet 13:12 säger att störst av allt är kärleken, varför det?

För det första, tro och hopp behövs bara under vårt jordeliv, och bara andlig kärlek förblir i himmelriket.

I himlen behöver vi inte tro något utan att se det eller hoppas på något eftersom allt redan finns där inför våra ögon. Tänk dig att du har någon som du älskar väldigt mycket och du inte träffar honom på en vecka eller kanske till och med på tio år. När du träffar honom tio år senare kommer du bli överväldigad av djupa och stora känslor. Och när du har honom framför dig, som du har saknat i tio år, kommer du då fortfarande sakna honom?

På samma sätt är det med vårt kristna liv. Om vi har sann tro och älskar Gud kommer vi har ett växande hopp allteftersom tiden går och vår tro växer. Vi kommer att sakna Herren mer och mer för varje dag. De som har hopp om himlen på det här sättet kommer inte säga att det är svårt även fast de går på den smala vägen här på jorden, och de kommer inte bli lurade in i någon frestelse. Och när vi når vår slutdestination, himmelriket, kommer vi inte längre behöva tro och hopp. Men kärleken förblir i himlen för evigt, och därför säger Bibeln att kärleken är störst.

För det andra, vi kan komma till himlen med tro, men utan kärlek kan vi inte få den vackraste boplatsen, Nya Jerusalem. Efter hur mycket vi agerar i tro och hopp kan vi med våld rycka till oss himmelriket. Efter hur mycket vi lever efter Guds Ord, gör oss av med synder och kultiverar ett vackert hjärta, kommer vi få andlig tro, och efter det mått av denna andliga tro, kommer vi ges olika boplatser i himlen: Paradiset, Första kungadömet, Andra kungadömet, Tredje kungadömet i himlen och Nya Jerusalem.

Paradiset är för dem som har tro enbart till att bli frälsta genom att acceptera Jesus Kristus. Det betyder att de inte gjorde något alls för Guds rike. Första kungadömet i himlen är för de som har försökt att leva efter Guds Ord efter att de accepterade Jesus Kristus. Det är mycket vackrare än Paradiset. Andra kungadömet i himlen är för de som har levt efter Guds Ord med kärlek till Gud och har varit trogna Guds rike. Tredje kungadömet i himlen är för de som har älskat Gud till det yttersta och gjort sig av med alla former av ondska för att bli helgade. Nya Jerusalem är för dem som har en tro som behagar Gud och som är betrodda i hela Guds hus.

Nya Jerusalem är en himmelsk boplats som ges till Guds barn som har kultiverat en fullkomlig kärlek med sin tro, och det är en kristallklar kärlek. Det är faktiskt så att ingen enda en Jesus Kristus, Guds enfödde Son, har kvalifikationerna att komma in i Nya Jerusalem. Men som skapelser kan vi också uppnå kvalifikationerna för att komma in där om vi är rättfärdiggjorda genom Jesu Kristi dyrbara blod och har fullkomlig tro.

För att vi ska kunna efterlikna Herren och bo i Nya Jerusalem måste vi följa den väg som Herren tog. Den vägen är kärlek. Bara med denna kärlek kan vi bära den Helige Andes nio frukter och Saligprisningarna för att bli värdiga och sanna Guds barn som har Herrens karaktärsdrag. När vi uppnått kvalifikationerna som Guds sanna barn, tar vi emot allt vi ber om på den här jorden, och vi kommer få privilegiet att få vandra med Herren för evigt i himlen. Därför kan vi komma till himlen när vi har tro, och vi kan göra oss av med synder när vi har hopp. På grund av detta är tro och hopp verkligen nödvändigt, men kärleken är störst eftersom vi bara kan komma in i Nya Jerusalem när vi har kärlek.

"Stå inte i skuld till någon utom i kärlek till varandra. Ty den som älskar sin nästa har uppfyllt lagen. Dessa bud: 'Du skall inte begå äktenskapsbrott, Du skall inte mörda, Du skall inte stjäla, Du skall inte ha begär, och alla andra bud sammanfattas i detta ord: Du skall älska din nästa som dig själv'. Kärleken gör inte något ont mot sin nästa. Alltså är kärleken lagens uppfyllelse."

Romarbrevet 13:8-10

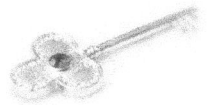

Del 3
Kärleken är lagens uppfyllelse

Kapitel 1 : Guds kärlek

Kapitel 2 : Kristi kärlek

Kapitel 1 — Guds kärlek

Guds kärlek

"Och vi har lärt känna den kärlek som Gud har till oss och tror på den. Gud är kärlek och den som förblir i kärleken förblir i Gud, och Gud förblir i honom."
1 Johannes brev 4:16

Medan Elliot arbetade med Quechuaindianer började han förbereda sig på att nå den ökända våldsamma Huaoraniindianerna. Han och fyra andra missionärer, Ed McCully, Roger Youderian, Peter Fleming och deras pilot Nate Saint skapade kontakt med Huaoranistammen från flygplanet med hjälp av en högtalare och en korg som de skickade ner gåvor med. Efter flera månader bestämde männen sig för att bygga en bas längs med floden Curaray, en bit bort från indianstammen. Små grupper från Huaoranistammen närmade sig dem flera gånger, och de tog till och med en nyfiken Huaorani som de kallade "George" (hans riktiga namn var Naenkiwi) med på en flygtur. Uppmuntrade av dessa vänliga möten började de planera för att besöka stammen men deras planer avbröts när en större grupp av Huaorani kom och dödade Elliot och hans fyra kamrater den 8 januari 1956. Elliot styckade kropp återfanns nedströms tillsammans med de andra männen förutom Ed McCully.

Elliot och hans vänner blev omedelbart kända över hela världen som martyrer och Life Magazine publicerade en tio sidor lång artikel om deras mission och död. Deras liv och död tände ett intresse i unga kristna missionärer på den tiden och anses fortfarande vara en uppmuntran för kristna missionärer över hela världen. Efter att hennes man dog har Elisabeth Elliot och andra missionärer börjat arbeta bland Aucaindianer där de har haft en stor inverkan och vunnit många själar. Många själar blev räddade genom Guds kärlek.

Stå inte i skuld till någon utom i kärlek till varandra. Ty den som älskar har uppfyllt lagen. Dessa bud: "Du skall inte begå äktenskapsbrott, Du skall inte mörda, Du skall inte stjäla, Du skall inte ha begär", och alla andra bud sammanfattas i detta ord: "Du skall älska din nästa som dig själv." Kärleken gör inte något ont mot sin nästa. Alltså är kärleken lagens uppfyllelse (Romarbrevet 13:8-10).

Den högsta nivån av kärlek bland all slags kärlek är Guds kärlek till oss. Allt skapat och även människan härstammar från Guds kärlek.

Gud skapade allt och människan utifrån sin kärlek

I begynnelsen var Gud i universums oändliga rymd i sig själv. Det universumet är ett annat universum än det vi känner till idag. Det är ett område som inte har någon början eller något slut och inga begränsningar. Där sker allt i enlighet med Guds vilja och vad Han har i sitt hjärta. Om Gud kan göra allt och har allting Han vill ha, varför skapade Han då människorna?

Han ville ha sanna barn med vilka Han kunde dela sin sköna värld som Han njöt av. Han ville dela området där allt sker som man önskar med någon. Det är ungefär som det mänskliga sinnet; vi vill kunna dela med oss av allt det goda vi har med dem vi älskar. Utifrån detta hopp planerade Gud för den mänskliga kultiveringen för att få sanna barn.

Först delade Han upp det enda universumet till en fysisk och en andlig värld och skapade himmelska härar och änglar, andra andliga varelser och allt annat som var nödvändigt för den andliga världen. Han skapade ett område för sig själv där Han kunde bo, likväl som de himmelska kungadömena där Hans sanna barn skulle bo och området där människorna skulle genomgå den mänskliga kultiveringen. Efter att en omätbar tidsperiod hade gått skapade Han Jorden i den fysiska världen och solen, månen, stjärnorna och naturen, allt som människan behövde för att kunna leva.

Det finns oändligt många andliga varelser runt Gud som till exempel änglar, men de lyder ovillkorligen, ungefär som robotar. De är inte varelser som Gud kan dela sin kärlek med. Därför skapade Gud människan till sin avbild för att få sanna barn med vilka Han kunde dela sin kärlek. Om det var möjligt att ha robotar med vackra ansikten som gjorde precis vad du ville, skulle du byta ut dem mot dina egna barn? Även om dina barn inte alltid lyssnar på dig, älskar du dem mycket mer än vad du skulle kunna älska en robot eftersom de känner din kärlek och uttrycker sin kärlek till dig. Det är på samma sätt med Gud. Han ville ha sanna barn med vilka Han kunde dela vad som finns i Hans hjärta. Utifrån denna kärlek skapade Gud den första människan och det var Adam.

Efter att Gud hade skapat Adam gjorde Han en lustgård på en plats österut som kallades Eden och förde honom dit. Gud tänkte på Adam när Han gav honom Edens lustgård. Det är en hemlighetsfull vacker plats där blommor och träd växer bra och älskvärda djur vandrar runt. Det finns överflöd med frukter överallt, en ljuvlig bris, mjuk som silke och gräs som gör viskande ljud. Vattnet glittrar som dyrbara ädelstenar och reflekterar ljuset. Inte ens det bästa som en människa kan föreställa sig kan nog beskriva skönheten på den platsen.

Gud gav också Adam en hjälpare vars namn var Eva. Det var inte för att Adam kände sig ensam. Gud förstod Adams hjärta i förväg eftersom Gud hade varit ensam under en så lång tid. Adam och Eva vandrade med Gud i de allra bästa förutsättningarna som Gud hade gett dem under en lång, lång tid och de hade stor makt som herrar över allt skapat.

Gud kultiverar människor för att göra dem till sanna barn

Men Adam och Eva saknade något som skulle göra dem till sanna Guds barn. Trots att Gud hade gett dem sin fulla kärlek kunde de inte riktigt känna Hans kärlek. De njöt av allt som de hade fått av Gud, men det var ingenting de hade jobbat för eller förtjänat med egen kraft. Därför förstod de inte hur dyrbar Guds kärlek var, och de uppskattade inte det som hade getts till dem. De hade heller aldrig upplevt död eller olycka, och de visste inte att värdesätta livet. De hade aldrig upplevt hat, så de förstod inte kärlekens sanna värde. Trots att de hade hört och kände till om den var det bara huvudkunskap. De kunde inte känna sann kärlek i sina hjärtan eftersom de aldrig hade upplevt den själva.

Orsaken till varför Adam och Eva åt från trädet med kunskap

om gott och ont finns i detta. Gud sade, "ty den dag du äter av det skall du döden dö" men de visste inte vad det betydde att dö (1 Mosebok 2:17). Visste inte Gud att de skulle äta från trädet med kunskap om gott och ont? Jo, det gjorde Han. Han visste, men ändå gav Han Adam och Eva den fria viljan att fatta ett beslut utifrån lydnad. Häri ligger den omsorgsfulla planen för den mänskliga kultiveringen.

Genom den mänskliga kultiveringen ville Gud att hela mänskligheten skulle få uppleva vad tårar, sorg, smärta, död, osv. är så att när de senare skulle komma till himlen skulle de verkligen förstå hur värdefult och dyrbart det himmelska är, och de skulle kunna njuta av sann lycka. Gud ville dela sin kärlek med dem för evigt i himlen, vilket är ojämförbart med något vi känner till, till och med vackrare än Edens lustgård.

Efter att Adam och Eva hade varit olydiga mot Guds ord kunde de inte längre bo i Edens lustgård. Och eftersom Adam också hade förlorat makten som herre över allt skapat, blev även djuren och växterna förbannade. Jorden som en gång hade gett överflöd på allt och varit underbart skön, blev också förbannad. Nu producerade den tistlar och törnen, och människan kunde inte längre skörda något utan hårt arbete, i deras anletes svett.

Trots att Adam och Eva varit olydiga mot Gud gjorde Han kläder av skinn för dem och klädde dem med det, för de skulle nu vara tvungna att bo i en fullständigt annorlunda miljö (1 Mosebok 3:21). Guds hjärta måste ha värkt som en förälders som måste sända iväg sina barn för en tid för att förbereda för deras framtid. Trots denna Guds kärlek blev människorna, strax efter att den mänskliga kultiveringen påbörjats, fläckade av synd, och drog snart sig själva bort från Gud.

Romarbrevet 1:21-23 säger, "Fastän de kände till Gud, prisade de honom inte som Gud eller tackade honom, utan förblindades av sina falska föreställningar, så att mörkret sänkte sig över deras oförståndiga hjärtan. De påstod att de var visa, men de blev dårar. De bytte ut den odödlige Gudens härlighet mot bilder av dödliga människor, av fåglar, fyrfota djur och kräldjur."

För denna syndfulla mänsklighet visade Gud sin omsorg och kärlek genom det utvalda folket, Israel. När de levde efter Guds Ord visade Han förundransvärda tecken och under och gav dem stora välsignelser. Men när de lämnade Gud, tillbad avgudar och begick synder sände Gud många profeter för att berätta om Hans kärlek.

En av dessa profeter var Hosea som var aktiv i en mörk tidsperiod efter att Israel hade delats i nordlandet Israel och sydlandet Juda.

En dag gav Gud Hosea en speciell befallning och sade, "Gå och skaffa dig en sköka till hustru och skaffa dig barn till en sköka" (Hosea 1:2). Det var otänkbart för en gudsman att gifta sig med en prostituerad. Trots att han inte helt förstod Guds syfte lydde Hosea Hans Ord och tog en kvinna vid namn Gomer till sin fru.

De fick tre barn men Gomer följde sitt begär och gick till en annan man. Trots det sade Gud åt Hosea att älska sin fru (Hosea 3:1). Hosea letade efter henne och förde henne till sig till en kostnad av femton siklar silver och en homer och en letek korn.

Den kärlek Hosea visade Gomer symboliserar den kärlek som Gud har visat oss och Gomer, den prostituerade kvinnan, symboliserar alla människor som är fläckade av synder. Precis som Hosea tog en prostituerad kvinna till sin fru, älskade Gud först de av oss som är fläckade av synder i denna värld.

Han visade sin ändlösa kärlek och hoppades att alla skulle vända om från dödens väg och bli Hans barn. Även om de har varit vänner med världen och dragit sig undan från Gud för ett tag, kommer Han inte säga, "Du har lämnat mig och jag kan inte ta emot dig igen." Han vill bara att alla ska återvända till Honom och den önskan är så djup, djupare än den som föräldrar har som väntar på att deras barn som har rymt hemifrån ska komma hem.

Gud förberedde Jesus Kristus före tidernas begynnelse

I liknelsen om den förlorade sonen i Lukas 15 syns Gud Faderns hjärta extra tydligt. Den yngre sonen som hade njutit av ett rikt liv som ett barn i huset hade ingen tacksamhet i hjärtat till sin fader eller ens förstod värdet av det liv han levde. En dag bad han om att få ut sitt arv i pengar i förväg. Han var en typisk bortskämd son som ber om sitt arv i pengar medan hans far ännu är i livet.

Fadern kunde inte hindra sin son för hans son förstod inte sina föräldrars hjärtan alls, och till slut gav han sin son arvet i pengar. Sonen blev glad och åkte iväg. Det var då smärtan började i fadern. Han var väldigt orolig och tänkte, "Tänk om han skadar sig? Tänk om han möter onda människor?" Fadern kunde ens sova ordentligt på grund av oron för sin son och han brukade se mot horisonten med förhoppning om att sonen skulle komma tillbaka.

Snart tog sonens pengar slut och man började behandla honom illa. Han befann sig i en sådan hemsk situation att han ville mätta sin hunger med det som svinen åt, men ingenting gavs till honom. Nu kom han ihåg sin faders hus. Han återvände hem, men han var så ledsen att han inte ens kunde lyfta upp sitt huvud. Men fadern sprang emot honom och kysste honom. Fadern var inte arg på honom alls utan var istället så lycklig att han klädde honom i de bästa kläderna och slaktade en kalv för att ställa till med fest för honom. Detta är Guds kärlek.

Guds kärlek ges inte bara till speciella människor vid en speciell tidpunkt. 1 Timoteus brev 2:4 säger, "[Gud] som vill att alla människor skall bli frälsta och komma till insikt om sanningen." Han håller porten till frälsningen öppen hela tiden, och när en själ kommer tillbaka till Gud välkomnar han varje själ med så mycket glädje och lycka.

Med denna kärlek från Gud som inte släpper taget om någon enda av oss förrän slutet, har vägen öppnats för alla att ta emot frälsning. Det är Gud som har förberett sin enfödde Son Jesus Kristus. Som det står skrivet i Hebreerbrevet 9:22, "Så renas enligt lagen nästan allt med blod, och utan att blod utgjuts ges ingen förlåtelse" betalade Jesus priset för synderna som syndarna egentligen skulle ha betalat, med sitt dyrbara blod och sitt eget liv.

1 Johannes brev 4:9 talar om Guds kärlek på detta sätt, "Så uppenbarades Guds kärlek till oss: han sände sin enfödde Son till världen för att vi skulle leva genom honom." Gud lät Jesus utgjuta sitt dyrbara blod för att återlösa mänskligheten från deras synder. Jesus korsfästes, men Han övervann döden och uppstod på den tredje dagen eftersom Han var utan synd. Genom detta öppnades frälsningens väg. Det är inte lika lätt att ge sin enfödde Son som det låter. Ett koreanskt ordspråk säger, "Föräldrar känner ingen smärta ens om deras barn fysiskt placeras i deras ögon." Många föräldrar känner att deras barns liv är viktigare än deras egna.

För Gud att därför ge sin enfödde Son Jesus visar oss den ultimata kärleken. Gud har även förberett himmelriket för dem som Han vinner tillbaka genom Jesu Kristi blod. Vilken oerhörd kärlek detta är! Och ändå tar Guds kärlek inte slut där.

Gud gav oss den Helige Ande för att leda oss till himlen

Gud ger den Helige Ande som en gåva till dem som accepterar Jesus Kristus och tar emot förlåtelse för synderna. Den Helige Ande är Guds hjärta. Sedan Herren uppsteg till himlen har Gud sänt Hjälparen, den Helige Ande i våra hjärtan.

I Romarbrevet 8:26-27 står det, "Så hjälper också Anden oss i vår svaghet. Ty vi vet inte vad vi bör be om, men Anden själv ber för oss med suckar utan ord, och han som utforskar hjärtan vet vad Anden menar, eftersom Anden ber för de heliga så som Gud vill."

När vi syndar leder den Helige Ande oss till omvändelse genom suckar utan ord. Till dem som har svag tro ger Han tro; till dem som inte har något hopp ger Han hopp. Just som en mor omtänksamt tar hand om sina barn, ger Han oss sin röst så att vi inte ska bli skadade eller sårade på något sätt. På det här sättet låter Han oss få lära känna Guds hjärta som älskar oss, och Han leder oss till himmelriket.

Om vi på djupet förstår denna kärlek kan vi inte göra annat än att älska Gud tillbaka. Om vi älskar Gud med hela vårt hjärta ger Han oss sin stora och förundransvärda kärlek tillbaka som gör oss överväldigade. Han ger oss hälsa och Han kommer välsigna allt så att det går väl med oss. Han gör detta för att det är lagen i den andliga världen, men än viktigare, för att Han vill att vi ska känna Hans kärlek genom de välsignelser vi tar emot. "Jag älskar dem som älskar mig, och de som söker mig, de finner mig" (Ordspråksboken 8:17).

Vad kände du när du först mötte Gud och tog emot helande eller lösningar på olika problem? Du måste ha känt att Gud till och med älskar en syndare som du. Jag tror att du måste ha sagt något poetiskt i ditt hjärta som "Om det gick att fylla havet med bläck och himlens pergament blev skapat för att skriva Guds kärlek på, då skulle havet torka ut." Jag tror också du blev överväldigad av Guds kärlek som har gett dig den eviga himlen där det inte finns någon oro, sorg, sjukdom, separation eller död.

Vi älskade inte Gud först. Gud var den som först började älska oss och sträckte ut sin hand till oss. Han älskade oss inte för att vi förtjänade att bli älskade. Gud älskade oss så mycket att Han gav sin enfödde Son för oss som var syndare och förutbestämda till att dö. Han älskade alla människor och Han bryr sig om oss med en större kärlek än en mor som inte kan glömma bort sitt barn (Jesaja 49:15). Han väntar på oss som om ett tusen år var blott en dag.

Guds kärlek är sann kärlek som inte förändras med tidens tand. När vi senare kommer till himlen kommer vi att gapa av förvåning när vi ser de vackra kronorna, de skinande fina linnekläderna och de himmelska husen som är byggda av guld och dyrbara ädelstenar, som Gud har förberett för oss. Han ger oss till och med belöningar och gåvor under vårt jordeliv här, och Han väntar ivrigt på den dag då Han kommer vara med oss i sin eviga härlighet. Låt oss känna Hans stora kärlek.

Kapitel 2 — Kristi kärlek

Kristi kärlek

"Och lev i kärlek, så som Kristus har älskat oss och utlämnat sig själv för oss som offergåva, ett välluktande offer åt Gud."
Efesierbrevet 5:2

Kärleken har den stora kraften att göra det omöjliga möjligt. Särskilt Guds kärlek och Herrens kärlek är verkligen förundransvärda. Den kan förvandla inkompetenta personer som inte kan göra något effektivt till kompetenta personen som kan göra allt. När outbildade fiskare, skatteindrivare – de som på den tiden ansågs vara syndare – de fattiga, änkorna och de förbisedda människorna i världen, mötte Herren, blev deras liv fullständigt förvandlade. De blev lösta från fattigdom och sjukdomar och de fick uppleva den sanna kärleken som de aldrig tidigare hade upplevt. De såg sig själva som värdelösa, men de blev födda på nytt till härlighetsfulla instrument för Gud. Det är kraften i kärleken.

Jesus lämnade himlens härlighet och kom till den här jorden

I begynnelsen var Gud Ordet och Ordet kom ner till denna jord i mänsklig kropp. Det är Jesus, Guds enfödde Son. Jesus kom ner till denna jord för att frälsa mänskligheten som var bunden i synd och på väg till döden. Namnet "Jesus" betyder "Han kommer att frälsa sitt folk från deras synder" (Matteus 1:21).

Det var inte längre någon skillnad mellan alla dessa syndfläckade människorna och djuren (Predikaren 3:18). Jesus föddes i ett stall som var till för djuren för att återlösa människan som hade lämnat det hon skulle göra och nu inte var bättre än djuren. Han lades i en krubba som var tänkt för att användas till utfordring av djuren, för att bli sann mat för sådana människor (Johannes 6:51). Det var för att låta människan återfå den förlorade avbilden till Gud och låta dem utföra hela sin uppgift som människor.

Matteus 8:20 säger också, "Rävarna har lyor och himlens fåglar har bon, men Människosonen har inget att vila huvudet mot." Som det står hade Han ingenstans att sova, och Han var ute på fälten på natten i regn och rusk. Han gick utan mat och var hungrig många gånger. Det var inte för att Han inte kunde ordna det. Det var för att återlösa oss från fattigdom. 2 Korinterbrevet 8:9 säger, "Ni känner ju vår Herre Jesu Kristi nåd. Han var rik, men blev fattig för er skull, för att ni genom hans fattigdom skulle bli rika."

Jesus började sin offentliga tjänst med tecknet att göra vin av vatten på bröllopsfesten i Kana. Han predikade Guds rike och gjorde många tecken och under i området kring Judéen och Galiléen. Många spetälska blev botade, lama började gå och de som led av demonbesättelse blev befriade från mörkrets makter. Till och med en person som hade varit död i fyra dagar och som luktade ruttet kom levande ut ur graven (Johannes 11).

Jesus gjorde sådana förundransvärda ting under sin tjänst på jorden för att låta människorna förstå Guds kärlek. I det att Han var ett med Gud från sitt ursprung och Ordet själv, höll Han lagen helt och hållet för att ge oss ett fullkomligt exempel. Och bara för att Han höll hela lagen fördömde Han ändå inte dem som överträdde lagen och som egentligen skulle dödas för det. Han visade bara folket sanningen så att en till själ skulle omvända sig och ta emot frälsning.

Om Jesus hade mätt varenda en strikt efter lagen skulle ingen ha kunnat ta emot frälsning. Lagen är Guds befallningar som säger åt oss att göra, inte göra, göra oss av med och bevara. Det finns till exempel befallningar som "Helga sabbatsdagen; ha inte begär till din nästas hus; hedra dina föräldrar; gör dig av med all slags ondska." Slutmålet för alla lagar är kärleken. Om du håller alla stadgar och lagar praktiserar du kärlek, åtminstone utåt sett.

Men vad Gud vill ha från oss är inte bara att hålla lagen i våra handlingar. Han vill att vi ska praktisera lagen med kärlek från våra hjärtan. Jesus kände Guds hjärta väldigt väl och uppfyllde lagen med kärlek. Ett av de bästa exemplen på detta är kvinnan som blev tagen på bar gärning i äktenskapsbrott (Johannes 8). En dag förde de skriftlärda och fariséerna kvinnan som tagits på bar gärning i äktenskapsbrott och ställde henne mitt bland folket och frågade Jesus: "I lagen har Mose befallt oss att stena sådana. Vad säger då du?" (Johannes 8:5)

De sade detta för att kunna finna något att anklaga Jesus för. Vad tror du att kvinnan kände i det ögonblicket? Hon måste ha skämts så mycket för att hennes synd hade blivit avslöjad inför allihop, och hon måste ha skakat av fruktan över att bli stenad till döds. Om Jesus sade, "Stena henne", skulle hennes liv ta slut av alla stenarna som skulle kastas mot henne.

Men Jesus sade inte till dem att straffa henne som lagen sa. I stället böjde Han sig ner och började skriva på marken med sitt finger. Det var namnen på synderna som folket brukade begå Han skrev. Efter att ha skrivit upp deras synder ställde Han sig upp och sade, "Den som är utan synd må kasta första stenen på henne" (v. 7). Sedan böjde Han sig ner och började skriva något igen.

Denna gång skrev Han ner varje persons synder som om Han själv hade sett dem samt när, var och hur de hade begått sina synder. De som kände sig träffade i sina samveten lämnade platsen en efter en. Till slut var det bara Jesus och kvinnan kvar. De följande verserna 10 och 11 säger, "Jesus reste sig upp och sade till henne: 'Kvinna, var är de? Har ingen dömt dig?' Hon svarade:

'Nej, Herre, ingen.' Då sade Jesus: Inte heller jag dömer dig. Gå och synda inte mer!"

Visste inte kvinnan att straffet för äktenskapsbrott var att stenas till döds? Självklart visste hon det. Hon kunde lagen men hon begick synden för att hon inte kunde kontrollera sin lusta. Hon väntade sig dödsdomen eftersom hennes synd hade blivit avslöjad, och så får hon helt oväntat förlåtelse från Jesus! Så oerhört berörd hon måste ha blivit! Så länge hon kom ihåg Jesu kärlek skulle hon inte kunna synda igen.

Eftersom Jesus i sin kärlek förlät kvinnan som hade överträtt lagen, betyder det att lagen upphävs när vi visar kärlek till Gud och vår nästa? Nej, det gör det inte. Jesus sade, "Tro inte att jag har kommit för att upphäva lagen eller profeterna. Jag har inte kommit för att upphäva utan för att fullborda" (Matteus 5:17).

Vi kan praktisera Guds vilja mer fullkomligt eftersom vi har lagen. Om någon bara säger att han älskar Gud kan vi inte mäta hur djup och bred hans kärlek är. Men hans kärlek kan mätas eftersom vi har lagen. Om han verkligen älskar Gud av hela sitt hjärta kommer han definitivt att hålla lagen. För en sådan person är det inte svårt att hålla lagen. Och efter den grad han håller lagen kommer han också ta emot Guds kärlek och välsignelser.

Men lagiska människor på Jesu tid var inte intresserade av Guds kärlek som fanns i lagen. De fokuserade inte på att helga sina hjärtan, utan bara på att hålla formaliteterna. De kände sig tillfredsställda och var stolta över att de utåt sett höll lagen. De trodde att de höll lagen och därför började de omedelbart att döma och fördöma dem som överträdde lagen. När Jesus förklarade den sanna betydelsen av lagen och lärde folket om Guds hjärta sa man att Jesus hade fel och var demonbesatt.

Eftersom fariséerna inte hade någon kärlek gjorde deras

utomordentliga sätt att hålla lagen på utåt sett inte något gott för deras själ (1 Korinterbrevet 13:1-3). De gjorde sig inte av med ondskan i deras hjärtan utan kom bara med dom och fördömande över andra, och på det sättet distanserade de sig själva från Gud. Till slut begick de synden att korsfästa Guds Son, vilket inte kunde göras ogjort.

Jesus uppfyllde den omsorgsfulla planen i korset med lydnad ända till döden

Mot slutet av Jesu treåriga tjänst gick Jesus till Olivberget just innan Hans lidande började. När natten blev mörkare bad Jesus med allt mer kraft inför den korsfästelse som låg framför Honom. Hans bön var ett rop om att frälsa alla själar genom sitt blod som var fullständigt oskyldigt. Det var en bön om kraft att övervinna det lidande som korset skulle innebära. Han bad väldigt kraftfullt; och Hans svett blev till blodsdroppar som föll till marken (Lukas 22:42-44).

Den natten tillfångatogs Jesus av soldater och togs från plats till plats för att bli förhörd. Till slut fick Han dödsstraffet vid Pilatus domarsäte. Romerska soldater satte en törnekrona på Hans huvud och slog Honom innan de tog Honom till avrättningsplatsen (Matteus 27:28-31).

Hans kropp var täckt av blod. Han blev hånad och pryglad hela natten, och med denna kropp gick Han upp till Golgata, bärande träkorset. En stor skara följde Honom. De som en gång välkomnande hade ropat "Hosianna" var nu en mobb som ropade "Korsfäst Honom!" Jesu ansikte var så täckt av blod att det inte gick att känna igen Honom. Hela Hans styrka var uttömd på grund av den smärta Han genomgått i tortyren och det var extremt svårt för Honom att ens ta ett steg framåt.

När Jesus nått fram till Golgata blev Han korsfäst för att återlösa oss från våra synder. För att återlösa oss som var under lagens förbannelse som säger att syndens lön är döden (Romarbrevet 6:23) hängdes Han upp på ett träkors och utgöt allt sitt blod. Han förlät oss våra synder som vi hade begått med våra tankar när Han bar törnekronan. Han blev fastspikad genom sina händer och fötter för att förlåta oss för de synder vi begått med våra händer och fötter.

Det dåraktiga folket som inte förstod detta hånade och skymfade Jesus som hängde på korset (Lukas 23:35-37). Men trots att Jesus plågades svårt bad Han för dem att de skulle bli förlåtna för att de korsfäste Honom. Det står i Lukas 23:34, "Fader, förlåt dem, ty de vet inte vad de gör."

Korsfästelse är ett av de värsta sätten att bli avrättad på. Den som blivit dömd till det plågas under en relativt längre tid än med andra avrättningssätt. Händerna och fötterna blir genomborrade och köttet slits isär. Man blir kraftigt uttorkad och blodcirkulationen störs kraftigt. Detta leder till att de inre organen sakta slutar fungera. Den som korsfästs lider också av de insekter som dras till honom på grund av stanken från blodet.

Vad tror du Jesus tänkte på när Han hängde på korset? Det var inte på den outhärdliga smärtan i sin kropp. Istället tänkte Han på orsaken till varför Gud skapade människan, betydelsen av kultiveringen av människorna på denna jord samt orsaken till varför Han måste offra sig själv som ett försoningsoffer för människans synd, och Han offrade böner av tacksamhet utifrån sitt hjärta.

Efter att Jesus hade lidit i sex timmar på korset, sade Han, "Jag törstar" (Johannes 19:28). Det var en andlig törst vilken är en törst efter att vinna själarna som är på väg mot döden. Han tänkte på de mängder av själar som i framtiden skulle leva på jorden och bad oss om att ge ut budskapet om korset och frälsa själarna.

Till slut sade Jesus, "Det är fullbordat" (Johannes 19:30) och sedan tog Han sitt sista andetag efter att ha sagt, "Fader, i dina händer överlämnar jag min ande" (Lukas 23:46). Han överlämnade sin ande i Guds händer eftersom Han var färdig med sitt uppdrag att öppna vägen till frälsning för hela mänskligheten genom att själv bli försoningsoffret. Det var i den stunden som den allra största kärleksgärningen blev uppfylld.

Sedan dess har syndamuren som stått emellan Gud och oss rivits ner, och vi kan nu direkt kommunicera med Gud. Innan dess var översteprästen tvungen att offra djuroffer till förlåtelse för folkets synder, å folkets vägnar, men så är det inte längre. Den som tror på Jesus Kristus kan komma in i Guds allra heligaste och tillbe Gud direkt.

Jesus förbereder de himmelska boplatserna med sin kärlek

Innan Jesus tog korset berättade Han för sina lärjungar vad som skulle komma. Han berättade att Han skulle ta korset för att uppfylla Gud Faderns omsorgsfulla plan men lärjungarna var fortfarande oroliga. Nu förklarade Han för dem om de himmelska boplatserna för att trösta dem.

Johannes 14:1-3 säger, "Låt inte era hjärtan oroas. Tro på Gud och tro på mig. I min Faders hus finns många rum. Om det inte vore så, skulle jag då ha sagt er att jag går bort för att bereda plats åt er? Och om jag än går och bereder plats åt er, skall jag komma tillbaka och ta er till mig, för att ni skall vara där jag är." Han övervann döden och uppstod, och uppsteg till himlen inför många människors ögon. Det var för att Han skulle kunna förbereda himmelska boplatser för oss. Så vad betyder nu "Jag går och bereder plats för er"?

1Johannes brev 2:2 säger, "Han är försoningen för våra synder, och inte bara för våra utan också för hela världens." Som det står betyder det att vem som helst kan få tag på himlen med tro, eftersom Jesus har rivit ner syndamuren mellan Gud och oss.

Jesus sade också, "I min Faders hus finns många rum" och det säger oss att Han vill att alla ska ta emot frälsning. Han säger inte att det finns många boplatser i "himlen" utan "i min Faders hus" eftersom vi kan kalla Gud för "Abba Fader" genom det verk som Jesu dyrbara blod har utfört.

Herren ber fortfarande utan uppehåll för oss. Han ber uthålligt inför Guds tron utan att äta och dricka (Matteus 26:29). Han ber så att vi ska vinna seger i den mänskliga kultiveringen på denna jord och visa Guds härlighet genom att se till att vår själ har framgång.

När det sedan är dags för domen vid den stora vita tronen efter att den mänskliga kultiveringen är över, kommer Han fortfarande arbeta för oss. Vid domstolen kommer alla få sin dom som stämmer till punkt och pricka för vad var och en har gjort. Men Herren kommer att vara advokat för Guds barn och säga, "Jag tvättade bort deras synder med mitt blod så att de ska kunna ta emot bättre boplatser och belöningar i himlen." Eftersom Han kom ner till denna jord och själv fick uppleva allt som människan går igenom kommer Han att tala för människan som en advokat. Hur ska vi kunna förstå denna kärlek som Kristus har helt och hållet?

Gud låter oss få lära känna Hans kärlek genom sin enfödde Son Jesus Kristus. Denna kärlek är den kärlek med vilken Jesus inte ens undanhöll sin sista blodsdroppe för oss. Det är en ovillkorlig och oföränderlig kärlek med vilken Han skulle kunna förlåta sjuttio gånger sju gånger. Vem kan skilja oss från denna kärlek?

I Romarbrevet 8:38-39 proklamerar aposteln Paulus, "Ty jag är viss om att varken död eller liv, varken änglar eller furstar, varken något som nu är eller något som skall komma, varken makter, höjd eller djup eller något annat skapat skall kunna skilja oss från Guds kärlek i Kristus Jesus, vår Herre."

Aposteln Paulus förstod denna kärlek från Gud och Kristi kärlek, och han gav sitt liv helt och hållet till att lyda Guds vilja och att leva som en apostel. Han undanhöll inte heller sitt liv när det gällde att evangelisera hedningarna. Han praktiserade Guds kärlek som ledde mängder med själar till frälsningens väg.

Trots att han kallades "sektledare" överlät Paulus hela sitt liv till att predika. Han spred Guds kärlek till hela världen och Herrens kärlek som är djupare och bredare än vad som går att mäta. Jag ber i Herrens namn att ni kommer att bli Guds sanna barn som uppfyller lagen med kärlek och får bo för evigt i den allra vackraste boplatsen i himlen, Nya Jerusalem, och får dela Guds och Kristi kärlek.

Författaren:
Dr. Jaerock Lee

Dr. Jaerock Lee föddes år 1943 i Muan, Jeonnamprovinsen, Republiken Korea. I tjugoåren led Dr. Lee av olika slags obotliga sjukdomar under sju år och inväntade döden utan hopp om tillfrisknande. En dag, våren 1974, tog hans syster emellertid med honom till en kyrka och när han böjde knä för att be, botade den levande Guden honom omedelbart från alla hans sjukdomar.

Från den stund då Dr. Lee mötte den levande Guden genom denna underbara upplevelse, har han uppriktigt älskat Gud av hela sitt hjärta och år 1978 fick han kallelsen av Gud att bli Hans tjänare. Han bad och fastade uthålligt och innerligt så att han skulle komma att förstå Guds vilja och helt och fullt kunna utföra den, och han lydde Guds ord. År 1982 grundade han Manmin Centralkyrkan i Seoul, Korea och mängder av Guds verk, inklusive mirakulösa helanden och underverk har skett i hans församling sedan dess.

År 1986 blev Dr. Lee ordinerad som pastor vid Annual Assembly of Jesus i församlingen Sungkyul Church of Korea, och fyra år sedan, år 1990, började hans predikningar sändas över radio och TV i Australien, Ryssland och Filippinerna. På kort tid nåddes många fler länder genom Far East Broadcasting Company, Asia Broadcast Station, och Washington Christian Radio System.

Tre år senare, år 1993, valdes Manmin Centralkyrkan till en av de 50 främsta församlingarna i världen av amerikanska tidskriften Christian World och han mottog ett hedersdoktorat i teologi vid universitetet Christian Faith College, Florida, USA, och 1996 mottog han en Fil. Dr i pastorsämbete från Kingsway Theological Seminary, Iowa, USA.

Sedan 1993 har Dr. Lee varit som en spjutspets i världsmissionen genom många internationella kampanjer i Tanzania, Argentina, L.A, Baltimore City, Hawaii och New York City i USA, Uganda, Japan, Pakistan, Kenya, Filippinerna, Honduras, Indien, Ryssland, Tyskland och Peru, Demokratiska Republiken Kongo, Israel och Estland.

På grund av sitt arbete med internationella kampanjer blev han 2002 kallad "global väckelsepredikant" av stora kristna tidningar i Korea. Han har frimodigt proklamerat att Jesus Kristus är Messias och Frälsare genom sin kampanj i New York år 2006 som hölls i den världskända arenan Madison Square Garden.

Kampanjen TV-sändes till 220 nationer, och på hans kampanj i Israel "Israel United Crusade" år 2009 på Internation Convention Center i Jerusalem proklamerade han frimodigt Jesus Kristus som Messias och Frälsare.

Hans predikningar har TV-sänts till 176 nationer via satelliter som GCN TV och han utsågs till en av de tio mest inflytelserika kristna ledarna år 2009 och 2010 av den populära kristna tidningen In Victory i Ryssland och i nyhetsbyrån Christian Telegraph för sin kraftfulla tjänst genom TV-sändningar och församlingsbyggande tjänst utomlands.

Per juli 2013 är Manmin Centralkyrkan en församling med fler än 120,000 medlemmar. Den har 10,000 inrikes och utrikes församlingsgrenar över hela världen, inklusive 56 nationella församlingsgrenar och mer än 125 missionärer har sänts ut till 23 länder, länder som USA, Ryssland, Tyskland, Kanada, Japan, Kina, Frankrike, Indien, Kenya och många flera så här långt.

Till denna dag har Dr. Lee skrivit 87 böcker, inklusive bästsäljare som En Smak av Evigt Liv Före Döden, Mitt Liv Min Tro I & II, Budskapet om Korset, Måttet av Tro, Himlen I & II, Helvetet, Vakna Israel! och Guds Kraft. Hans verk har översatts till mer än 75 språk.

Hans kristna krönikor finns i tidningarna The Hankook Ilbo, The JoongAng Daily, The Chosun Ilbo, The Dong-A Ilbo, The Munhwa Ilbo, The Seoul Shinmun, The Kyung-
hyang Shinmun, The Korea Economic Daily, The Korea Herald, The Shisa News och The Christian Press.

Dr. Lee är för närvarande grundare och ledare för ett antal missionsorganisationer och sammanslutningar såsom styrelseordförande i The United Holiness Church of Jesus Christ; president i Manmin World Mission; president i The World Christianity Revival Mission Association; Grundare och styrelseordförande i Global Christian Network (GCN); grundare och styrelseordförande av The World Christian Doctors Network (WCDN); samt grundare och styrelseordförande, Manmin International Seminary (MIS).

Andra kraftfulla böcker av samme författare

Himlen I & II

En detaljerad bild över den härliga boendemiljön som de himmelska medborgarna njuter av och underbar beskrivning av de olika nivåerna i de himmelska herradömen.

Budskapet om Korset

Ett kraftfullt budskap som ger ett uppvaknande till människor som är andligt sovande! I denna bok finner du orsaken till att Jesus är den ende Frälsaren och Guds sanna kärlek.

Helvetet

Ett allvarligt budskap till hela mänskligheten från Gud som inte vill att en enda själ ska hamna i helvetets djup! Du kommer upptäcka sådant som aldrig tidigare uppenbarats om den grymma verkligheten i Nedre Hades och helvetet.

Ande, Själ och Kropp I & II

En guidebok som ger oss andlig insikt om ande, själ och kropp och hjälper oss att ta reda på vilket slags "jag" vi har, så att vi kan få kraft att besegra mörkret och bli en andlig person.

www.urimbooks.com

www.ingramcontent.com/pod-product-compliance
Lightning Source LLC
LaVergne TN
LVHW021814060526
838201LV00058B/3377